职业院校汽修专业通用教材
项目驱动、任务引领型教材

QI CHE DI PAN GOU ZAO YU CHAI ZHUANG

（微课版）

汽车底盘构造与拆装

上海景格科技股份有限公司 编

华东师范大学出版社
·上海·

图书在版编目(CIP)数据

汽车底盘构造与拆装/上海景格科技股份有限公司编. —上海:华东师范大学出版社,2018
 ISBN 978-7-5675-7667-4

Ⅰ.①汽… Ⅱ.①上… Ⅲ.①汽车-底盘-结构-职业教育-教材②汽车-底盘-装配(机械)-职业教育-教材 Ⅳ.①U463.1②U472.41

中国版本图书馆 CIP 数据核字(2018)第 125761 号

汽车底盘构造与拆装

编　　者	上海景格科技股份有限公司
项目编辑	李　琴
审读编辑	孙　鹏
责任校对	朱　鑫
装帧设计	庄玉侠

出版发行	华东师范大学出版社
社　　址	上海市中山北路 3663 号　邮编 200062
网　　址	www.ecnupress.com.cn
电　　话	021-60821666　行政传真 021-62572105
客服电话	021-62865537　门市(邮购)电话 021-62869887
地　　址	上海市中山北路 3663 号华东师范大学校内先锋路口
网　　店	http://hdsdcbs.tmall.com

印 刷 者	上海新华印刷有限公司
开　　本	787×1092　16 开
印　　张	15.25
字　　数	335 千字
版　　次	2018 年 8 月第 1 版
印　　次	2025 年 6 月第 7 次
书　　号	ISBN 978-7-5675-7667-4/G·11084
定　　价	39.90 元

出 版 人　王　焰

(如发现本版图书有印订质量问题,请寄回本社客服中心调换或电话 021-62865537 联系)

内容简介
NEIRONGJIANJIE

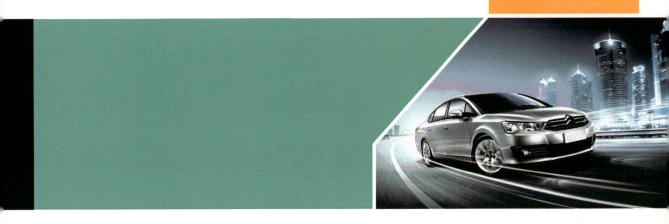

  本教材根据职业教育理实一体化课程改革的指导思想,强调以实践为主,理论为辅,筛选典型的工作任务,取材最贴近生产实际的案例设计课程内容,让学生在做中掌握解决问题的方法和技能,是汽车运用与维修专业理实一体化项目课程教材。

  本教材以汽车底盘构造与拆装为内容,主要包括:传动系统构造与拆装、行驶系统构造与拆装、转向系统构造与拆装、制动系统构造与拆装等4个典型项目。

  本教材主要供职业院校汽车运用与维修等专业教学使用,也可以作为汽车维修人员和汽车技术爱好者自学用书。

前言
QIANYAN

  党的二十大报告指出"加快建设制造强国、质量强国、航天强国、交通强国、网络强国、数字中国",汽车产业是交通强国的重要组成部分,近几年汽车销售量不断提升,2022 年我国汽车保有量达到 3.02 亿辆。按照一般数据统计,汽车保有量与后市场维修服务技术人员比例约为 30∶1,根据我国汽车保有量的增长数据推算,至 2030 年前我国每年新增汽车维修类技能人才需求应在 30 万人以上,汽车后市场的技术技能人才需求量持续增加。职业教育承担为社会培养知识和能力兼备的技术技能型人才的重要任务,汽车技能型人才持续培养输出成为职业教育汽车相关专业建设的重要一环。本系列教材在汽车产业人才培养过程中将以市场为导向,以实践为驱动,旨在培养出高标准、高职业技能、高职业素养的优秀复合型人才。

  根据《国家中长期教育改革和发展规划纲要》的精神,为了推进职业教育课程改革和教材建设进程,我们将理实一体化课程改革理念作为职业教育课程改革的主导理念,以工作任务为课程设置与内容选择的参照点,以任务为单位组织内容并以任务活动为主要学习方式,编写汽车运用与维修专业的系列课程教材。本教材既是汽车各专业必修的核心课程教材之一,也是上述系列课程教材之一。

  本系列课程教材与项目课程教学软件的设计和编制同步进行,是任务课程教学软件的配套教材。

  本项目课程教材的主要特色有:
1. 课程强调以实践为主,理论为辅。
2. 以能力为本位,以就业为导向,面向最贴近生产实际的教学任务。
3. 体现做中学的教学理念。

4. 目的在于教会学生对汽车故障现象的判断能力,表现为:①会做;②掌握为什么这样做。

5. 以职业院校覆盖面较广的雪佛兰科鲁兹车型教具为范例,以车间典型工作任务为教学内容,教会学生完成任务所需的知识与技能,其他车型车系可举一反三。

6. 课程设计采用文字、图像、动画,以及视频、虚拟仿真等多媒体教学形式,形成纸质教材、教学PPT、教学资源包、虚拟仿真软件相互配套的课程包。

本课程是校企合作共同开发的课程,适应各地职业院校汽车运用与维修等专业教学,希望各校在选用本项目课程教材实施教学的过程中,及时提出意见和建议,以便我们在修订时改正和完善。

编者
2023.08

目　录

项目一　传动系统构造与拆装 ………………………………………… 1
　　项目导入 …………………………………………………………… 1
　　学习目标 …………………………………………………………… 2
　　学习任务 …………………………………………………………… 2
　　　　学习任务 1　传动系统的认识 ………………………………… 3
　　　　学习任务 2　前轮驱动轴拆装 ………………………………… 9
　　　　学习任务 3　手动变速器拆装 ………………………………… 25
　　　　学习任务 4　离合器拆装 ……………………………………… 46
　　学习拓展 …………………………………………………………… 59

项目二　行驶系统构造与拆装 ………………………………………… 65
　　项目导入 …………………………………………………………… 65
　　学习目标 …………………………………………………………… 66
　　学习任务 …………………………………………………………… 66
　　　　学习任务 1　行驶系统的认识 ………………………………… 67
　　　　学习任务 2　车轮拆装和轮胎动平衡 ………………………… 74
　　　　学习任务 3　独立(前)悬架拆装 ……………………………… 86
　　　　学习任务 4　非独立(后)悬架拆装 …………………………… 107
　　学习拓展 …………………………………………………………… 132

项目三　转向系统构造与拆装 ………………………………………… 137
　　项目导入 …………………………………………………………… 137
　　学习目标 …………………………………………………………… 138
　　学习任务 …………………………………………………………… 138
　　　　学习任务 1　转向系统的认识 ………………………………… 139
　　　　学习任务 2　动力转向器拆装 ………………………………… 145
　　　　学习任务 3　动力转向辅助电动机拆装 ……………………… 163
　　　　学习任务 4　转向盘和转向柱拆装 …………………………… 168
　　学习拓展 …………………………………………………………… 180

项目四　制动系统构造与拆装 …… 183

　项目导入 …… 183
　学习目标 …… 184
　学习任务 …… 184
　　学习任务1　制动系统的认识 …… 185
　　学习任务2　盘式制动器拆装 …… 192
　　学习任务3　鼓式制动器拆装 …… 201
　　学习任务4　制动主缸和助力器拆装 …… 217
　学习拓展 …… 234

项目一 传动系统构造与拆装

项目导入

传动系统是使汽车产生驱动力的动力系统。

本项目主要通过对传动系统主要机件的拆装作业,让学生认识以及理解其主要机件的结构和原理。

学习目标

素养目标
- 了解安全操作要求,养成安全文明操作的习惯。
- 养成组员之间互相协作的习惯。
- 实施操作结束后,清洁工具,并将工具设备归位,清洁场地。

技能目标
- 正确使用工具,对传动系统中的驱动轴、变速器和离合器进行拆装作业。

知识目标
- 熟知传动系统主要部件的结构和工作原理。
- 熟知离合器检修的主要内容及方法。

学习任务

学习任务 1
◇ 传动系统的认识

学习任务 2
◇ 前轮驱动轴拆装

学习任务 3
◇ 手动变速器拆装

学习任务 4
◇ 离合器拆装

学习任务 1　传动系统的认识

任务目标

任务目标
◎ 用自己的语言描述传动系统各部分的功用。
◎ 简要概括传动系统的分类和组成。
◎ 30 min 内,顺利从实车上识别出传动系统各部分在车上的位置。

学习重点
◎ 传动系统的相关知识。

知识准备

1. 传动系统的组成与功用

汽车传动系统的组成与其类型、布置形式及驱动形式等许多因素有关。

以发动机纵向前置、后轮驱动的汽车传动系统为例,其结构组成如图 1-1-1 所示。此

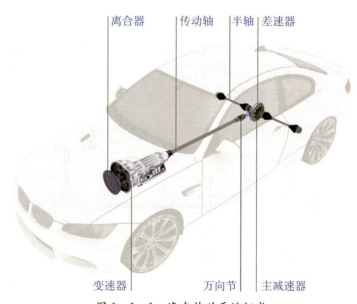

图 1-1-1　汽车传动系统组成

类型的传动系统由离合器、变速器、传动轴和万向节组成的万向传动装置,以及安装在驱动桥壳中的主减速器、差速器和半轴等组成。

传动系统各总成的基本功用分别是:

(1) 离合器。离合器的主要功用是按需适时切断或接合发动机与传动系统之间的动力传递。

(2) 变速器。变速器的主要功用是改变转速、转矩和旋转方向,并能中断动力传递。

(3) 万向传动装置。万向传动装置的主要功用是将变速器输出的动力传给主减速器,并适应两者之间距离和轴线夹角的变化。

(4) 主减速器。主减速器的主要功用是降低转速,增大转矩,按需改变动力的传递方向(90°)。

(5) 差速器。差速器的主要功用是将主减速器传来的动力分配给左右两半轴,并允许左右两半轴以不同角速度旋转,以满足左右两驱动轮差速行驶。

(6) 半轴。半轴的主要功用是将差速器传来的动力传给驱动轮。

2. 传动系统的布置形式

汽车传动系统布置形式与发动机的安装位置及汽车驱动形式有关。

(1) 按驱动形式分。

汽车驱动形式通常用汽车车轮总数×驱动车轮数(车轮数系指轮毂数)来表示。也有用汽车车桥总数×驱动车桥数来表示汽车的驱动形式。常见的驱动形式有4×2(四轮两驱)、4×4(四轮四驱)。

(2) 按发动机及驱动轮的安装位置分。

① 发动机前置、后轮驱动。

这是目前各种货车及高端轿车广泛采用的一种传动系统布置形式,如图1-1-2所示。它一般是将发动机、离合器和变速器连成一个整体安装在汽车前部,而主减速器、差速器和半轴则安装在汽车后部的后桥壳中,两者之间通过万向传动装置相连。这种布置形式,发动机散热条件好,便于驾驶人直接操纵发动机、离合器和变速器,操纵机构简单,维修方便,且后驱动轮的附着力大,易获得足够的牵引力。

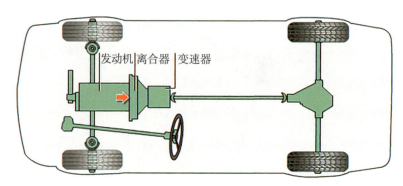

图1-1-2 发动机前置、后轮驱动传动系统示意图

② 发动机前置、前轮驱动。

发动机前置、前轮驱动的传动系统，其变速器和差速器制成一体并同发动机、离合器一起集中安装在汽车前部，如图 1-1-3 所示。发动机有纵向布置和横向布置之分。这种布置形式，除具有发动机散热条件好、操纵方便等优点外，还省去了很长的传动轴，传动系统结构紧凑，整车质心降低，汽车高速行驶稳定性好。但上坡时前轮附着力减小，易打滑，下坡制动时前轮载荷加重。故主要用于质心较低的轿车上。

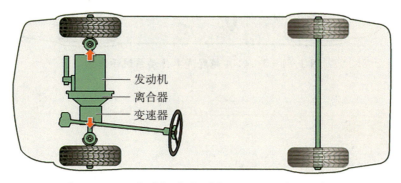

图 1-1-3　发动机前置、前轮驱动传动系统示意图

③ 发动机后置、后轮驱动。

发动机后置、后轮驱动的传动系统的发动机、离合器和变速器制成一体布置在驱动桥之后，如图 1-1-4 所示。这样可大大缩短传动轴的长度，且传动系统结构紧凑，质心有所降低，前轴不易过载，后轮附着力大，并能更充分地利用车厢面积。但由于发动机后置，其散热条件差。发动机、离合器、变速器的远距离操纵使操纵机构变得复杂，维修调整不便。所以此种形式的传动系统多用在大型客车上。

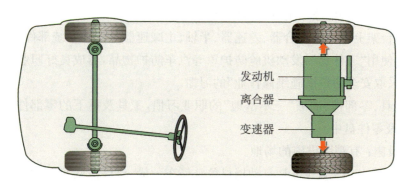

图 1-1-4　发动机后置、后轮驱动汽车传动系示意图

④ 全轮驱动。

为了充分利用所有车轮与地面之间的附着条件，以获得尽可能大的牵引力，越野汽车采用全轮驱动，4×4 越野汽车传动系统布置形式如图 1-1-5 所示。与发动机前置、后轮驱动的汽车相比较，其前桥既是转向桥也是驱动桥。为了将发动机传给变速器的动力分配给前、后两驱动桥，在变速器后增设了分动器，由驾驶人控制。

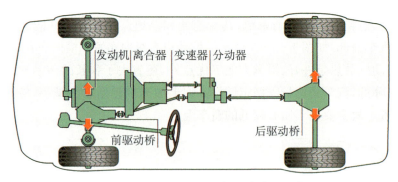

图1-1-5 4×4越野汽车传动系统示意图

（一）实施方案

1. 质量要求

参照2013款1.6 L自动挡科鲁兹轿车厂家的质量标准要求。

2. 组织方式

每四位同学一组，查看2013款1.6 L自动挡科鲁兹轿车上的传动系统各部件的位置。每组作业时间为40 min。

3. 作业准备

（1）技术要求与标准：

① 能够熟练找出科鲁兹车上变速器的位置。

② 能够在台架上识别出离合器、差速器、半轴、主减速器等传动系统部件。

③ 习惯性使用"三件套"、发动机舱防护罩等汽车防护物品，养成良好职业习惯。

④ 养成"采取安全防护措施维修作业"的习惯。

⑤ 养成工具、零部件、油液"三不落地"的职业习惯，工具及拆下的零部件等都应整齐地放置在工具车及零件盘中。

（2）场地设施：有消防设施的场地。

（3）设备设施：2013款1.6 L自动挡科鲁兹轿车一辆、科鲁兹底盘台架一部、工具车、零件车、标保工具车、垃圾桶等。

（4）耗材：干净抹布、清洁剂等。

（二）操作步骤

1. 识别底盘传动系统的组成部件

（1）打开车门，罩好"三件套"，拉动发动机舱盖手柄。

（2）打开发动机舱盖，罩好发动机舱防护罩，拆下发动机护板。

(3) 找出变速器，观察其结构及在车上的位置。
(4) 在科鲁兹底盘台架上观察差速器的形状及结构。
(5) 在科鲁兹底盘台架上观察半轴的形状及结构。
(6) 在科鲁兹底盘台架上观察主减速器的形状及结构。
(7) 按照相应的顺序把汽车复位，并检查复位状况是否良好。
(8) 按照6S标准把科鲁兹底盘台架整理干净并复位。

1. 传动系统组成及功用

传动系统由离合器、变速器、传动轴和万向节组成的万向传动装置，以及安装在驱动桥壳中的主减速器、差速器和半轴等组成。

传动系统各总成的基本功用：离合器的功用是按需适时切断或接合发动机与传动系统之间的动力传递；变速器的功用是改变转速、转矩和旋转方向，并能中断动力传递；万向传动装置的功用是将变速器输出的动力传给主减速器，并适应两者之间距离和轴线夹角的变化；主减速器的功用是降低转速，增大转矩，按需改变动力的传递方向（90°）；差速器的功用是将主减速器传来的动力分配给左右两半轴，并允许左右两半轴以不同角速度旋转，以满足左右两驱动轮差速行驶。半轴的功用是将差速器传来的动力传给驱动轮。

2. 传动系统的布置形式

汽车传动系统布置形式按驱动形式分有4×2（四轮两驱）、4×4（四轮四驱）。按发动机及驱动轮的安装位置分为：发动机前置、后轮驱动，发动机前置、前轮驱动，发动机后置、后轮驱动和全轮驱动。

(一) 课堂练习

1. 判断题

(1) 汽车传动系统按结构和传动介质的不同，常见的汽车传动系统可分为有离合器机械式和有液力变矩器机械式，还有静液式、电力式。（   ）

(2) 汽车驱动形式通常用汽车车轮总数×从动车轮数（车轮数系指轮毂数）来表示。（   ）

(3) 发动机前置前驱形式的传动系统，其变速器和差速器分别安装于汽车的前部和后部。（   ）

2. 单选题

(1) 为了将发动机传给变速器的动力分配给前、后两驱动桥，在变速器后增设了（   ），由驾驶入控制。

  A. 差速器   B. 分动器   C. 离合器   D. 半轴

（2）下列不是按发动机及驱动轮的安装位置分类的是（ ）。

  A. 前置前驱 B. 前置后驱 C. 四轮驱动 D. 4×2（四轮两驱）

（二）技能评价

表 1-1-1 技能评价表

序号	内 容	分值	得分
1	铺好"三件套"，拉动发动机舱盖手柄	10	
2	打开发动机舱盖，铺好发动机舱防护罩，拆下发动机护板	10	
3	找出变速器	20	
4	在科鲁兹底盘台架上辨识出离合器	10	
5	在科鲁兹底盘台架上辨识出差速器、半轴及主减速器	15	
6	找出差速器、半轴、主减速器的位置	15	
7	把汽车复位，并检查复位状况是否良好	10	
8	把科鲁兹底盘台架整理干净并复位	10	
	总分	100	

（注：操作规范即得分，操作错误或未进行操作即 0 分）

学习任务 2　前轮驱动轴拆装

  任务目标

任务目标
◎ 用自己的语言描述万向传动装置组成和功用。
◎ 简要概括各类型的万向节的结构与原理。
◎ 在 30 min 内完成前轮驱动轴的拆装。

学习重点
◎ 前轮驱动轴拆装的方法。

  知识准备

1. 万向传动装置组成和功用

万向传动装置主要是由万向节和传动轴组成的,当传动轴比较长时,还要加中间支承。它的功用是在轴线相交且相对位置经常变化的两转轴间传递动力,如图 1-2-1 所示。

万向传动装置的作用是实现变角度的动力传递。
图 1-2-1　万向传动装置功用

2. 万向节结构与原理

万向节是实现转轴之间变角度传递动力的部件。如果万向节在扭转方向没有弹性,动力靠零件的铰链式连接传递,则它是刚性万向节。刚性万向节又分为不等速万向节、准等速万向节和等速万向节(图1-2-2)。如果万向节在扭转方向有一定弹性,动力靠弹性零件传递且有缓冲减振作用,则它是挠性万向节(图1-2-3)。

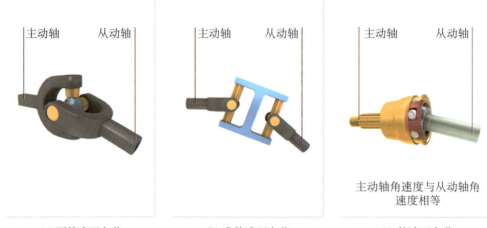

(a) 不等速万向节　　　(b) 准等速万向节　　　(c) 等速万向节

图1-2-2　万向节按速度特性分类

(a) 刚性万向节　　　　　　(b) 挠性万向节

图1-2-3　万向节按是否有明显弹性分类

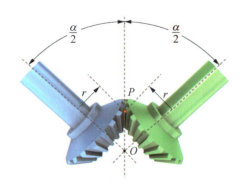

图1-2-4　等速万向节原理图

下面我们来介绍下等速万向节。

等速万向节在工作过程中其传力点永远位于两轴交角的平分面上,如图1-2-4所示。等速万向节主要用于前驱动桥和断开式驱动桥的轿车上。常用的等速万向节有球笼式万向节、球叉式万向节。

球笼式万向节如图1-2-5所示。

(a) 固定型球笼式万向节　　　　(b) 伸缩型球笼式万向节

图1-2-5　球笼式万向节类型

（1）固定型球笼式万向节（RF节）。

固定型球笼式万向节在传递转矩的过程中，主从动轴之间只能相对转动，不会产生轴向位移，其结构如图1-2-6所示。

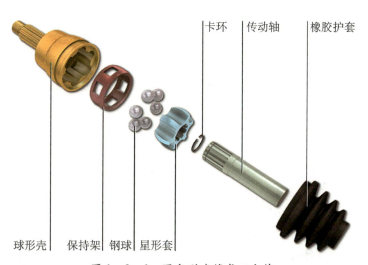

图1-2-6　固定型球笼式万向节

（2）伸缩型球笼式万向节（VL节）。

伸缩型球笼式万向节在传递转矩的过程中，主从动轴之间不仅能相对转动，而且可以产生轴向位移。

（一）实施方案

1. 质量要求

参照2013款1.6 L自动挡科鲁兹轿车厂家的质量标准要求。

2. 组织方式

每四位同学一组,能够使用前轮驱动轴拆装工具按照企业岗位操作规范对前轮驱动轴进行拆装作业。每组作业时间为 30 min。

3. 作业准备

(1) 技术要求与标准:

① 需使用密封件保护工具,防止护套、密封件或卡箍损坏。

② 需要排放变速器齿轮油,使用回收装置进行回收。

③ 安装时,需按照要求拧紧相关螺栓、螺母。

(2) 场地设施:有消防设施的场地。

(3) 设备设施:2013 款 1.6 L 自动挡科鲁兹轿车一辆、科鲁兹车型底盘相关专用工具、工具车、零件车、标保工具车、垃圾桶等。

(4) 耗材:干净抹布、清洁剂等。

(二) 操作步骤

1. 变速器油液的排放与加注

1.1 排放变速器油

◇ 不要打开变速器前部的油塞。拆卸任何螺塞时一定要小心,清洁此螺塞的周围区域。

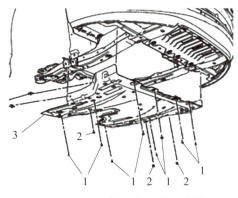

(1) 举升和顶起车辆。

(2) 拆下左前舱防溅罩(若装备该部件),见图 1-2-7。

(3) 拆下前舱隔声板(若装备该部件)。

(4) 拆下变速器的放油螺塞①。

(5) 将变速器油排入合适、清洁的容器。

图 1-2-7 拆卸左前舱防溅罩

◇ 该变速器未配备油位检查装置。仅可通过排放和加注程序检查油位。

(6) 让变速器油排放 10 min,使其充分排净。

(7) 检查收集的变速器油中是否有金属碎屑和其他异物。如果发现以上情况,则查找原因。

(8) 清洁变速器油排放孔螺纹。

(9) 安装新的放油螺塞①,并紧固至 20 N·m,见图 1-2-8。

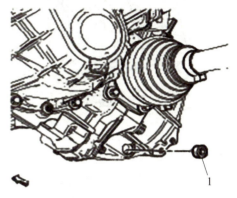

图 1-2-8　安装新的放油螺塞

注意事项

◇ 安装放油螺塞时应涂抹螺纹锁止胶。如果螺塞处有漏油,则更换新的变速器放油螺塞。

1.2　加注变速器油

(1) 使车辆传动系统及其排气系统冷却。

(2) 拆下变速器检查螺塞①,见图 1-2-9。

(3) 降下车辆。

(4) 拆下发动机控制模块并悬挂在一边。

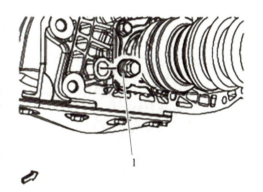

图 1-2-9　拆卸变速器检查螺塞

(5) 拆下加油口盖①和加油螺塞②,见图 1-2-10。

(6) 用正确的油将变速器加注至合适油位直至油从油位检查螺塞孔中溢出。

(7) 安装加油螺塞和加油口盖①,并紧固至 35 N·m。

(8) 安装发动机控制模块。

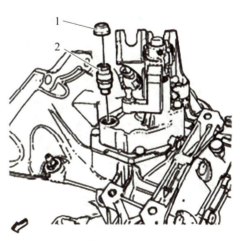

图 1-2-10　拆卸加油口盖和加油螺塞

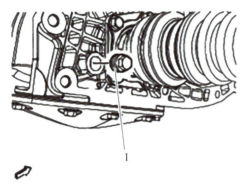

图1-2-11 安装变速器油检查螺塞

(9) 举升车辆。

(10) 安装变速器油检查螺塞①,见图1-2-11。

(11) 紧固变速器油检查螺塞至6 N·m,并再旋转45°～180°。

(12) 安装前舱隔声板(若装备该部件)。

(13) 降下车辆。

2. 左前轮驱动轴的拆装
2.1 拆卸顺序

◇ 当在车轮驱动轴上或在其附近进行维修时,要防止驱动轴护套、密封件和卡箍接触到锋利的物体。

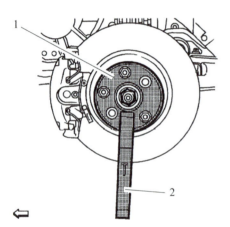

图1-2-12 拆卸轮胎和车轮总成

(1) 举升和顶起车辆。

(2) 拆下轮胎和车轮总成,见图1-2-12。

(3) 排空变速器油。

(4) 使用3个车轮螺母,将CH-49376扳手①和EN-956-1加长件②一同安装至前轮双头螺柱上。

(5) 使用CH-49376扳手①和EN-956-1加长件②,松开前轮驱动轴螺母,见图1-2-13。

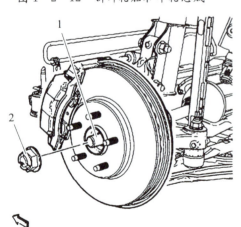

图1-2-13 预松前轮驱动轴螺母

(6) 将 CH-49376 扳手①和 EN-956-1 加长件②从前轮双头螺柱上拆下,见图 1-2-14。

(7) 将车轮驱动轴螺母②从车轮驱动轴①上拆下并更换。

(8) 紧固两个车轮螺母,将 CH-49400 拆卸工具②安装至车轮双头螺柱上。

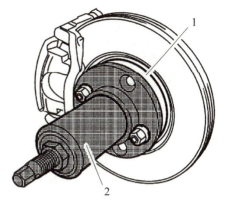

图 1-2-14 拆卸专用扳手和加长件

◇ 无论制动钳是否已从其座上分离,都需用结实金属丝吊住制动钳,否则会损坏制动软管而产生制动液泄漏。

(9) 将前轮驱动轴从车轮轴承/轮毂总成①上分离,见图 1-2-15。

(10) 拆下 CH-49400 拆卸工具②。

(11) 将外转向横拉杆端部从转向节上分离。

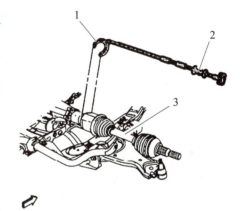

图 1-2-15 分离前轮驱动轴

(12) 拆下并更换下球节至转向节的螺栓①和螺母,见图 1-2-16,将前下控制臂球节从转向节上分离。

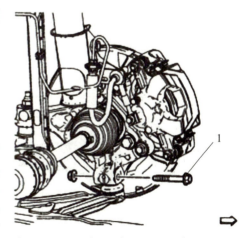

图 1-2-16 拆下并更换下球节至转向节的螺栓和螺母

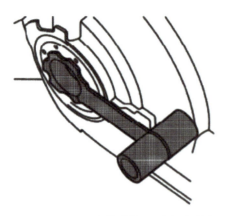

图1-2-17 安装前轮驱动轴油封保护工具

(13)将DT-6332保护工具安装到前轮驱动轴油封上,见图1-2-17。

注意事项

◇ 在拆下和安装前轮驱动轴之前,必须将DT-6332或同等工具安装至前轮驱动轴油封中。没有使用DT-6332可能导致前轮驱动轴的花键划伤前轮驱动轴油封。

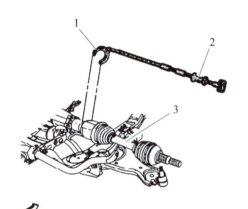

图1-2-18 拆卸车轮驱动轴

(14)使用CH-313惯性锤②和CH-600拆卸工具①,将车轮驱动轴③从车辆上拆下,见图1-2-18。

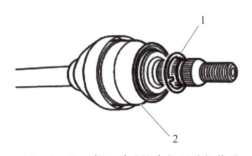

图1-2-19 拆下并更换车轮驱动轴垫圈

(15)将垫圈①从车轮驱动轴②上拆下并更换,见图1-2-19。切勿重复使用垫圈。

> **注意事项**
> ◇ 如果车轮驱动轴上没有垫圈,则安装新的垫圈。该图所示为右侧车轮驱动轴,仅作为专用工具正确使用的示例!

2.2 安装顺序

(1) 小心地将车轮驱动轴安装到差速器上,直至花键通过 DT-6332 保护工具,见图 1-2-20。

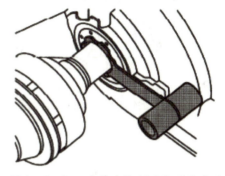

图 1-2-20 安装车轮驱动轴到差速器

(2) 将 DT-6332 保护工具从差速器输出轴密封件上拆下,见图 1-2-21。

(3) 将前轮驱动轴安装到差速器上直至卡环完全就位。

(4) 抓住内侧万向节外壳并向外拉,确认前轮驱动轴卡环正确就位。

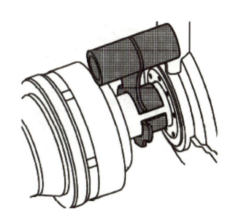

图 1-2-21 拆卸差速器输出轴密封件保护工具

(5) 将前轮驱动轴安装到前轮轴承/轮上。

(6) 用螺栓①和螺母,将前下控制臂球节连接至转向节,见图 1-2-22。

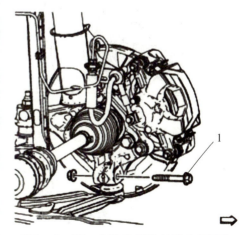

图 1-2-22 安装前下控制臂球节螺栓

(7) 将外转向横拉杆端部连接至转向节,见图1-2-23。

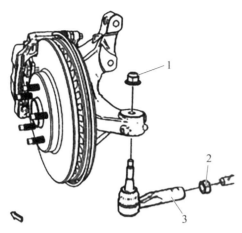

图1-2-23 连接外转向横拉杆端部和转向节

(8) 将新的前轮驱动轴螺母②安装到前轮驱动轴①上,见图1-2-24。

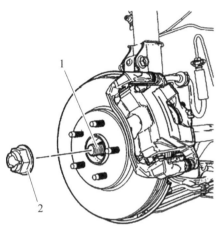

图1-2-24 安装前轮驱动轴的新螺母

(9) 紧固3个车轮螺母,将CH-49376扳手①和EN-956-1加长件②一同安装至前轮双头螺柱上,见图1-2-25。

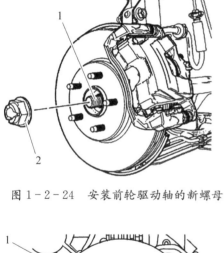

图1-2-25 安装专用扳手和加长件到前轮双头螺柱

(10) 使用扭力扳手和尺寸合适的套筒,将前轮驱动轴螺母②分3次紧固,见图1-2-26。

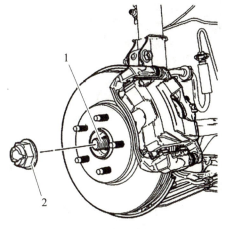

图 1-2-26 紧固前轮驱动轴螺母

◇ 前轮驱动轴螺母紧固至 150 N·m。
◇ 将车轮驱动轴螺母松开 45°。
◇ 再将螺母重新紧固至 250 N·m。

(11) 将 CH-49376 扳手①和 EN-956-1 加长件②从前轮双头螺柱上拆下。

(12) 安装轮胎和车轮总成,按图1-2-27所示顺序将轮胎螺栓紧固至 140 N·m。

(13) 重新加注变速器油。

(14) 降下车辆并拆下支撑。

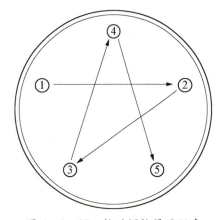

图 1-2-27 轮胎螺栓紧固顺序

3. 右前轮驱动轴拆装(带中间传动轴)

◇ 右前轮驱动轴与差速器的连接分为带中间传动轴和不带中间传动轴两种,拆装顺序和方法与左前轮驱动轴拆装基本相同,带中间传动轴拆装中的一些不同部分阐述如下。

3.1 拆卸顺序

（1）小心地将车轮驱动轴①从中间传动轴上拆下，见图1-2-28。

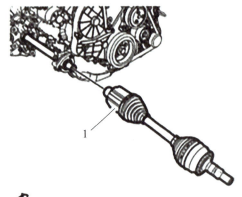

图1-2-28 从中间传动轴上拆下车轮驱动轴

（2）将O型圈①从中间传动轴②上拆下并更换新件，见图1-2-29。

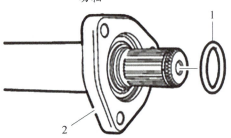

图1-2-29 拆下并更换中间传动轴的O型圈

3.2 安装顺序

小心地将车轮驱动轴①安装到中间传动轴上，见图1-2-30。

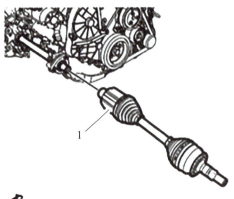

图1-2-30 安装车轮驱动轴到中间传动轴

4. 前驱动轴万向节和保护套拆装

4.1 拆卸顺序

（1）拆下左侧或右侧车轮驱动轴。

（2）使用斜口钳将密封罩大固定卡箍②从等速万向节外球座③上拆下。

（3）在大直径端将半轴外侧密封罩①从等速万向节外球座③上分离，见图1-2-31。

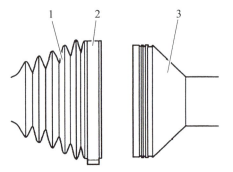

图1-2-31 分离半轴外侧密封罩

(4) 沿半轴杆⑤将密封罩④滑离万向节。
(5) 擦除万向节星形套②表面的润滑脂。
(6) 使用 GE-396 夹钳⑥,分开座圈卡环③的环耳,见图 1-2-32。

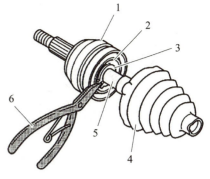

图 1-2-32 拆卸座圈卡环

(7) 将等速万向节总成②从半轴杆①上拆下,见图 1-2-33。
(8) 更换外侧密封罩。
(9) 用清洗溶剂彻底清洗以上部件,清除所有旧油脂和污物的痕迹。
(10) 干燥所有零件。

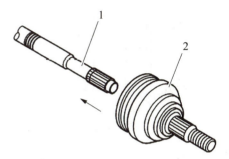

图 1-2-33 拆卸等速万向节总成

4.2 安装顺序

(1) 将半轴夹在台钳中。
(2) 将新的小的带凸耳的卡箍②安装到外侧密封罩①的颈部上,先不要压紧,见图 1-2-34。
(3) 将外侧密封罩①套到半轴杆上,且把外侧密封罩①的颈部固定在半轴杆密封槽内。半轴杆上位于可见凹槽下面的最大凹槽是密封槽③。

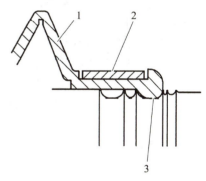

图 1-2-34 安装卡箍到外侧密封罩

(4) 使用 CH-804 张紧器①和扭力扳手,压接带凸耳的卡箍,见图 1-2-35。将带凸耳的卡箍紧固至 25 N·m。
(5) 将维修组件中约一半的润滑脂涂抹到外侧密封罩的内部,用剩余的润滑脂涂抹等速万向节。

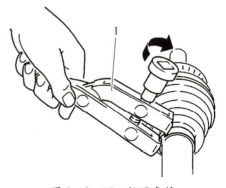

图 1-2-35 坚固卡箍

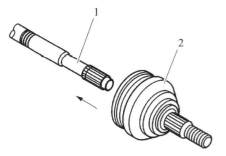

图 1-2-36 安装等速万向节

（6）将等速万向节②推到半轴杆①上，直至卡环就位于半轴杆的凹槽，见图 1-2-36。

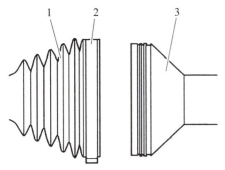

图 1-2-37 安装外侧密封罩

（7）将大直径的外侧密封罩①连同就位的密封罩大固定卡箍②滑到等速万向节外球座③的外侧，并将凹槽内的密封罩唇部置于等速万向节外球座上的凹槽内，见图 1-2-37。

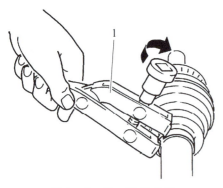

图 1-2-38 固定卡箍

（8）使用 CH-804 张紧器压接密封罩固定卡箍①并紧固至 25 N·m，见图 1-2-38。

（9）安装左侧或右侧车轮驱动轴。

1. 传动轴的作用

传动轴的作用是（安装在 FR 车和 4WD 车上）将来自传动桥/变速器的动力传送到差速器。

2. 传动轴拆装注意事项

（1）驱动轴从轮毂上拆卸后不要让其长时间从变速驱动桥自由下垂。

（2）拆卸驱动轴后，应堵塞变速器驱动桥上的驱动轴开孔，防止油液流出和污染物进入。

3. 万向传动装置的功用和组成

（1）万向传动装置的功用是能在轴间夹角及相对位置经常发生变化的转轴之间传递动力。

（2）万向传动装置主要由万向节和传动轴组成，有些较长的传动轴还装有中间支撑。

4. 万向节

普通万向节的不等速是指在转动一圈内的角速度不相等。为实现等角速传动，两个普通万向节的排列方式为：第一个万向节的从动叉和第二个万向节的主动叉与传动轴相连，且传动轴两端的万向节叉在同一平面内；输入轴、输出轴与传动轴的夹角相等。

5. 万向传动装置装配注意事项

万向传动装置装配时，应注意装配位置对其传动速度特性的影响，应注意装配记号。

（一）课堂练习

1. 判断题

（1）汽车行驶中，传动轴的长度可以自动变化。（   ）

（2）传动轴两端的万向节叉，安装时应在同一平面上。（   ）

2. 单选题

（1）所有普通十字轴式刚性万向节"传动的不等速性"是指主动轴匀角速度旋转时（   ）。

    A. 从动轴的转速不相等   B. 从动轴在一周中的角速度是变化的

    C. 从动轴的转速相等   D. 从动轴在一周中的角速度是相等的

（2）普通刚性万向节传动时，所产生的不等角速旋转，这种不等角速度的变化程度，甲认为"它与主动轴和从动轴之间的夹角有关，夹角越大，不等角速度越严重"；乙认为"它与发动机转速有关，与夹角的大小无关，发动机转速越高，不等角速度程度越严重"，甲乙两人谁正确？（   ）

    A. 甲对   B. 乙对   C. 甲乙都对   D. 甲乙都不对

（二）技能评价

表 1-2-1　技能评价表

序号	内　　容	分值	得分
1	拆装车轮总成	5	
2	规范使用举升器	10	

续 表

序号	内　容	分值	得分
3	变速器油的排放	10	
4	使用专用工具拆卸和安装传动轴螺母	10	
5	使用油封保护套拆卸和安装驱动轴	10	
6	内侧万向节护套的拆卸和安装	10	
7	外侧万向节护套的拆卸和安装	10	
8	清洁内、外万向节各零部件	5	
9	检查驱动轴各零部件	5	
10	按照规范流程进行拆装作业	15	
11	做好"6S"工作	10	
	总分	100	

（注：操作规范即得分，操作错误或未进行操作即 0 分）

学习任务 3　手动变速器拆装

任务目标
◎ 用自己的语言描述手动变速器的组成部件和工作原理。
◎ 熟悉变速器的常见换挡方式。
◎ 在 30 min 内完成对手动变速器的拆装。

学习重点
◎ 手动变速器拆装的方法。

 知识准备

1. 变速器的功用（图 1-3-1）

（1）改变传动比，扩大驱动力和速度变化范围，适应路况和行驶条件，使发动机在最有利的条件下工作。
（2）不改变发动机旋转方向的前提下，实现倒向行驶。
（3）中断发动机向驱动轮的动力传递。

手动变速器
概述

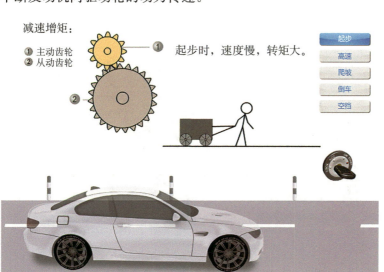

图 1-3-1　变速器功用

2. 变速器的组成

变速器主要由变速传动机构和变速操纵机构组成。

3. 变速器的类型

(1) 按传动比变化方式的不同,变速器可分为有级式、无级式和综合式 3 种。

(2) 按换挡操纵方式的不同,变速器可分为手动操纵式、自动操纵式和半自动操纵式 3 种。

(3) 按支撑轴的数量不同,变速器可分为 2 轴变速器和 3 轴变速器;

(4) 按挡位个数的不同,变速器可分为 4 挡变速器和 5 挡变速器。

4. 变速传动机构

4.1 变速传动机构的组成

变速传动机构主要由齿轮、轴及变速器壳体等零部件组成。

4.2 变速器传动机构的工作原理

(1) 利用不同齿数的齿轮副相互啮合,以改变变速器的传动比(i)。

(2) 通过增加齿轮传动的对数,以实现倒挡。

前进挡时,动力由第一轴直接传给第二轴,只经过一对齿轮传动,两轴转动方向相反。倒挡时,动力由第一轴传给倒挡轴,再由倒挡轴传给第二轴,经过两对齿轮传动,第一轴与第二轴转动方向相同。

4.3 常见的换挡方式

(1) 滑动齿轮换挡方式(图 1-3-2)。

直齿滑动式换挡齿轮与轴通过花键相联接,在空挡情况下,与另一齿轮并不啮合。挂挡时,通过直接移动滑挡齿轮与另一个齿轮啮合即可。这种换挡方式换挡冲击大、齿轮易磨损,同时参与工作的齿轮数少,高强度下易断齿。

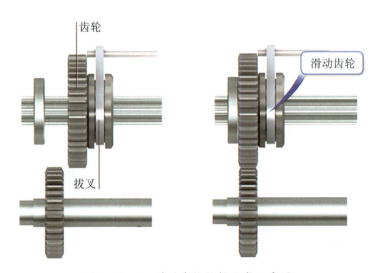

图 1-3-2 滑动齿轮换挡方式示意图

(2) 接合套换挡方式(图1-3-3)。

这种换挡装置用于斜齿轮传动(参与工作齿轮数多,工作平稳)的挡位。接合套式换挡装置由于其接合齿短,换挡时拨叉移动量小,故操作较轻便,且换挡承受冲击的面积增加,使换挡时冲击减小,换挡元件的寿命长。

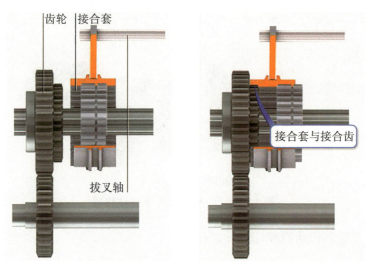

图1-3-3　接合套换挡方式示意图

(3) 同步器换挡方式(图1-3-4)。

同步器式换挡装置是在接合套式换挡装置的基础上又加装了同步元件而构成的一种换挡装置。它可以保证在换挡时使接合套与待啮合齿圈的圆周速度迅速相等,即迅速达到同步状态,并防止二者在同步之前进入啮合,从而可消除换挡时的冲击,并使换挡操纵简单,无须用两脚离合。

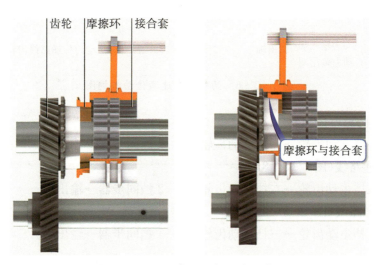

图1-3-4　同步器换挡方式示意图

5. 两轴式变速器

(1) 两轴式变速器结构（图1-3-5）。

两轴式变速器变速传动机构主要由第一轴（即动力输入轴）、第二轴（即动力输出轴）、倒挡轴、各挡齿轮及变速器壳体所构成。大部分轿车都采用两轴式变速器。

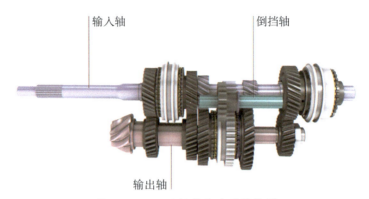

图1-3-5　两轴式变速器结构图

(2) 两轴式变速器传动原理（图1-3-6）。

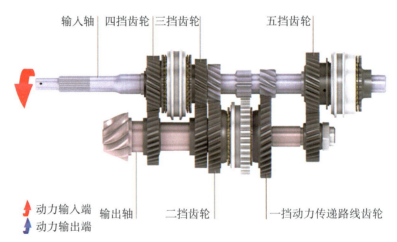

图1-3-6　两轴式变速器传动机构图

① 一挡传递路线（图1-3-7）。

输入轴→一挡主动齿轮→一挡从动齿轮→1—2挡同步器→输出轴。

② 二挡传递路线（图1-3-8）。

输入轴→二挡主动齿轮→二挡从动齿轮→1—2挡同步器→输出轴。

③ 三挡传递路线（图1-3-9）。

输入轴→三挡主动齿轮→三挡从动齿轮→3—4挡同步器→输出轴。

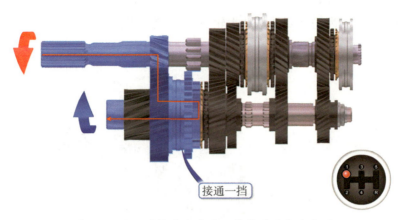

图 1-3-7　两轴式变速器一挡传递动力路线图

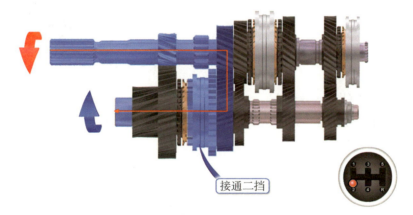

图 1-3-8　两轴式变速器二挡传递动力路线图

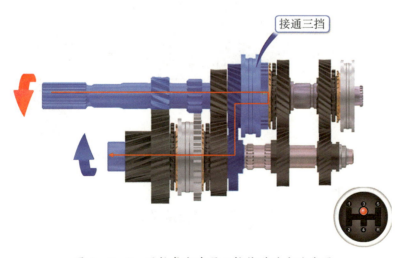

图 1-3-9　两轴式变速器三挡传递动力路线图

④ 四挡传递路线(图 1-3-10)。

输入轴→四挡主动齿轮→四挡从动齿轮→3—4 挡同步器→输出轴。

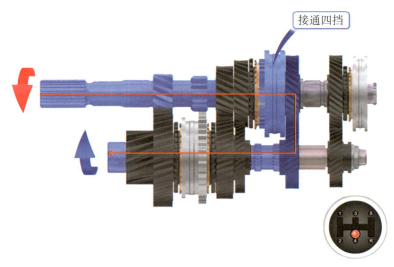

图 1-3-10　两轴式变速器四挡传递动力路线图

⑤ 五挡传递路线(图 1-3-11)。

输入轴→五挡主动齿轮→五挡从动齿轮→4—5 挡同步器→输出轴。

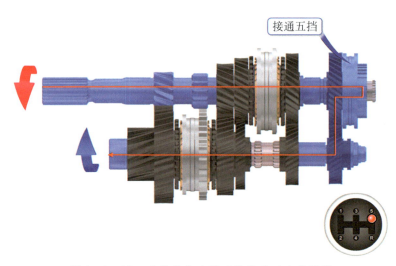

图 1-3-11　两轴式变速器五挡传递动力路线图

⑥ 倒挡传递路线(图 1-3-12)。

输入轴→倒挡主动齿轮→倒挡惰轮→倒挡从动齿轮(3—4 挡同步器接合套)→输出轴。

图 1-3-12 两轴式变速器倒挡传递动力路线图

6. 防止自动跳挡的措施

利用接合套换挡的变速器,由于接合套与齿圈的接合长度较短,同时汽车行驶时需要经常换挡,频繁拨动接合套将使齿端发生磨损。汽车行驶中可能会因振动等原因造成接合套与齿圈脱离啮合,即发生自动跳挡。通过以下结构措施可以防止自动跳挡(图 1-3-13)。

(1) 接合套和接合齿圈的齿端制成倒斜面;
(2) 花键毂齿端的齿厚切薄;
(3) 接合套的齿端制成凸肩图。

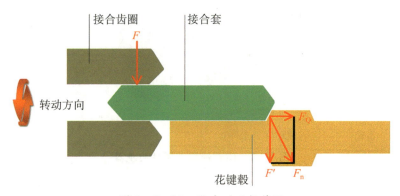

图 1-3-13 防自动跳挡装置

7. 同步器构造及功用

同步器是利用摩擦原理实现同步的,现代汽车上广泛使用的是惯性式同步器,可以从结构上保证待啮合的接合套与接合齿轮的花键齿在达到同步之前不可能接触,可以避免齿间冲击和噪声(图1-3-14)。

图1-3-14 同步器功用

7.1 锁环式惯性同步器

锁环式惯性同步器主要由齿轮、锁环、卡环、滑块、花键毂、接合套等部分组成。其结构如图1-3-15所示。

图1-3-15 锁环式惯性同步器

7.2 同步器接合过程

(1)第一步:通过变速器操纵机构向左推动接合套,并通过定位销带动滑块一起向左移动。同时锁环与齿圈相接触,由于两者转速不相等,使得接合套的齿端与锁环齿端恰好抵住(图1-3-16)。

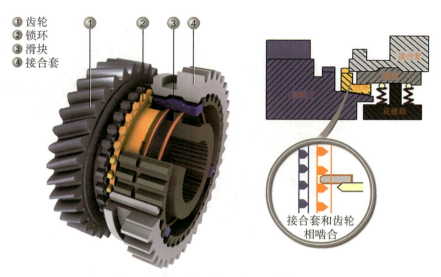

图 1-3-16 锁环式同步器接合过程(a)

（2）第二步：由于驾驶人始终对接合套施加一个轴向推力 F_1，故形成倒角斜面上的法向正压力 F_n 和切向分力 F_2。F_2 形成一个力图拨动锁环相对于接合套向后倒转的拨环力矩（图 1-3-17）。

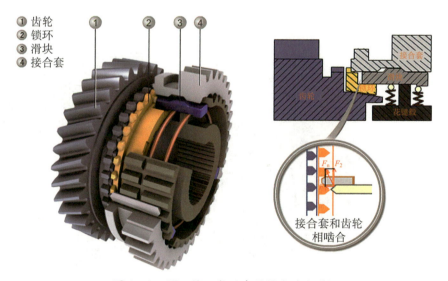

图 1-3-17 锁环式同步器接合过程(b)

（3）第三步：只要驾驶人继续对接合套施加推力，使两个摩擦锥面之间靠静摩擦作用紧密接合在一起，在拨环力矩的作用下，接合套与锁环不再相抵触，而与锁环的花键齿圈进入啮合（图 1-3-18）。

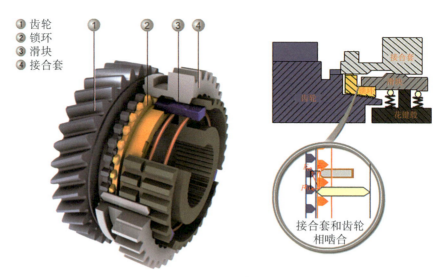

图 1-3-18 锁环式同步器接合过程(c)

（4）第四步：当接合套与锁环进入啮合后，轴向力不再作用于锁环上，但由于接合套和待啮合齿轮之间未同步，所以接合套的花键齿恰好与齿圈的花键齿发生抵触，则作用于接合套上的轴向力在齿圈的倒角面上也会产生一个切向分力，靠此切向分力便可拨动齿圈及其相联系的零件相对于接合套转过一个角度，从而使接合套与齿圈进入啮合，最终完成换挡过程(图1-3-19)。

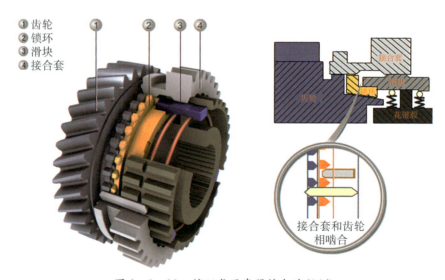

图 1-3-19 锁环式同步器接合过程(d)

8. 变速器操纵机构

它的主要作用是完成换挡的基本动作，保证驾驶人准确可靠地使变速器挂入所需要的挡位(图1-3-20)。

变速器操纵机构概述

变速器操纵机构应保证驾驶人能准确而可靠地使变速器挂入所需要的任一挡位工作，并可随时使之退到空挡。

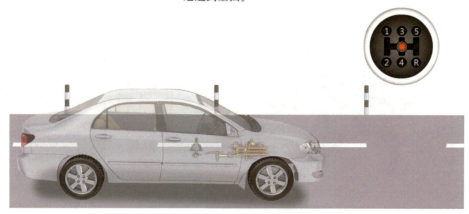

图1-3-20 操纵机构功用

8.1 直接操纵机构

选挡换挡机构主要是由变速杆、拨块、拨叉轴和拨叉等组成。

8.2 操纵机构的安全装置

操纵机构的安全装置有自锁装置、互锁装置和倒挡锁装置。操纵机构安全装置的作用是保证变速器在任何情况下都能准确、安全、可靠地工作。

（1）自锁装置。自锁装置是由自锁钢球和自锁弹簧组成的，它的作用是保证换挡到位，防止自动脱挡（图1-3-21）。

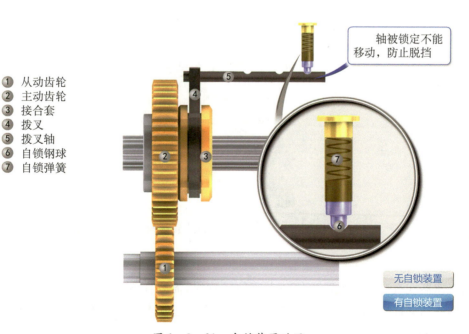

图1-3-21 自锁装置功用

（2）互锁装置。互锁装置是由互锁销和互锁钢球组成的，它的作用是防止同时挂入两挡（图1-3-22）。

功用：防止变速器同时挂入两个挡位，造成发动机熄火或损坏零部件。

图1-3-22　互锁装置功用

（3）倒挡锁装置。倒挡锁装置是由倒挡锁销和倒挡锁弹簧组成的，必须用力克服倒挡锁弹簧弹力才能挂入倒挡，以防止误挂倒挡（图1-3-23）。

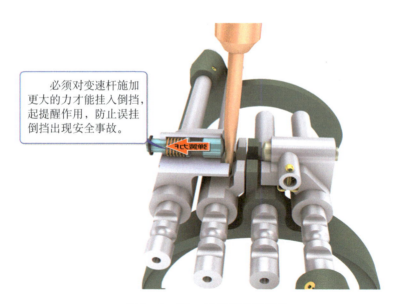

图1-3-23　倒挡锁装置结构

9. 远距离操纵机构

当变速器在汽车上的布置离驾驶人座位较远时，需要在变速杆与拨叉轴之间加装一套传动机构或辅助杠杆，实现对变速器的远距离操纵。此时，操纵机构由外部操纵机构和内部操纵机构两部分构成，如图1-3-24所示。

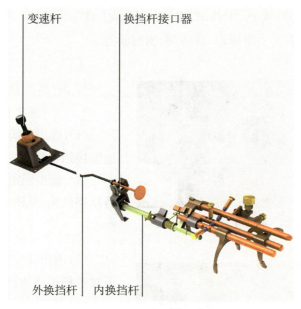

图 1-3-24 远距离操纵机构

外部操纵机构是指从变速杆到选挡换挡轴之间的所有传动件,它的作用是实现对变速器的远距离操纵。

内部操纵机构由选挡换挡轴、拨叉轴、拨叉、自锁装置、互锁装置和倒挡锁等组成。

(一)实施方案

1. 质量要求

参照 2013 款 1.6 L 科鲁兹轿车厂家的质量标准要求。

2. 组织方式

每四位同学一组,能够使用手动变速器拆装工具,对科鲁兹车上的手动变速器按照企业岗位操作规范进行拆装作业。每组作业时间为 30 min。

3. 作业准备

(1)技术要求与标准:

① 正确使用拉模、压床、夹具等工具,防止意外发生;

② 拆下零件应按顺序摆放整齐;

③ 密封胶,刮刀,替换件的准备;

④ 正确使用工具。

(2)场地设施:有消防设施的场地。

(3) 设备设施：2013 款 1.6 L 科鲁兹轿车一辆、科鲁兹车型底盘相关专用工具、拉模、压床、夹具、工具车、零件车、标保工具车、垃圾桶等。

(4) 耗材：干净抹布、清洁剂、密封胶等。

（二）操作步骤

1. 变速器的分解与装配

1.1 分解变速器

分解与组装变速器

(1) 选用套筒、棘轮扳手对角拧松变速器换挡机构固定螺栓。

(2) 旋出固定螺栓并取下，取下变速器换挡机构，见图 1-3-25。

图 1-3-25　取下变速器换挡机构

(3) 使用套筒、接杆和指针式扭力扳手对角拧松变速器后端盖固定螺栓。

(4) 旋出固定螺栓并取下。

(5) 取下变速器后端盖，见图 1-3-26。

图 1-3-26　取下变速器后端盖

(6) 选用内六角扳手拧松五挡换挡拨叉机构固定螺栓，旋出固定螺栓。

(7) 取出五挡换挡拨叉机构。

(8) 使用套筒、接杆和指针式扭力扳手对角拧松变速器壳体固定螺栓，见图 1-3-27。

图 1-3-27　拧松变速器壳体固定螺栓

(9) 使用橡胶锤轻击输入轴，使变速器齿轮机构与壳体分离，见图 1-3-28。

(10) 取出变速器齿轮机构。

图 1-3-28　敲击输入轴

(11) 使用卡簧钳拆卸五挡同步器卡簧，取下五挡同步器。

(12) 取下五挡同步器锁环及五挡输出轴齿圈，见图1-3-29。

(13) 以同样方法拆卸五挡输入轴齿圈。

(14) 取出三挡四挡拨叉锁销。

图1-3-29 取出五挡输出轴齿圈

(15) 取出三挡四挡换挡轴，取出三挡四挡换挡拨叉。

(16) 取出五挡拨叉连杆，见图1-3-30。

图1-3-30 取出五挡拨叉连杆

(17) 取出一挡二挡锁销。

(18) 取出一挡二挡换挡轴，取出一挡二挡换挡拨叉。

(19) 取出倒挡拨叉锁销。

(20) 取出倒挡换挡轴及倒挡拨叉。

(21) 取出输入轴，见图1-3-31。

图1-3-31 取出输入轴

(22) 取出输出轴及倒挡传动齿轮。

(23) 取出输入轴滚动轴承，见图1-3-32。

图1-3-32 取出输入轴滚动轴承

1.2 组装变速器

(1) 啮合输出轴和输入轴。

(2) 安装倒挡齿轮，并将输出轴和输入轴安装到底板上，见图1-3-33。

(3) 将倒挡齿轮啮合到位。

图1-3-33 将输入轴和输出轴安装到底板上

图1-3-34　安装倒挡轴

（4）安装倒挡拨叉，对齐安装孔将倒挡轴安装到位，见图1-3-34。

（5）安装锁止销。

（6）安装三挡四挡拨叉。

（7）安装三挡四挡换挡轴，并锁止。

图1-3-35　安装一挡二挡拨叉

（8）对齐安装孔将五挡拨叉连杆安装到位。

（9）安装一挡二挡拨叉，见图1-3-35。

（10）安装一挡二挡换挡轴，安装锁止销。

图1-3-36　组合接合套和离合毂

（11）组装接合套和离合毂，见图1-3-36。

（12）安装三块滑块。

（13）安装卡簧。

（14）安装同步器锁环。

图1-3-37　安装五挡输出齿圈

（15）安装五挡输入齿圈，并确保其安装到位。

（16）安装五挡滚针轴承及五挡输出齿圈，见图1-3-37。

图1-3-38　安装五挡同步器

（17）安装锁止卡簧，并确保其安装到位。

（18）安装五挡同步器，见图1-3-38。

（19）以同样方法安装输出轴卡簧。

(20) 对齐安装孔将变速器齿轮机构安装到壳体内。

(21) 轻击壳体四周,确保安装到位,见图1-3-39。

(22) 旋入壳体固定螺栓,均匀旋紧。

图1-3-39　敲击变速器壳体

(23) 使用套筒、接杆和扭力扳手将螺栓紧固至规定力矩。

(24) 将五挡拨叉安装到位。

(25) 对角旋入固定螺栓,使用内六角扳手将螺栓紧固至规定力矩,见图1-3-40。

图1-3-40　旋入固定螺栓

(26) 安装变速器后端盖。

(27) 安装换挡机构。

旋入固定螺栓,均匀旋紧固定螺栓,见图1-3-41;使用套筒、接杆和扭力扳手将螺栓紧固至规定力矩。

图1-3-41　紧固螺栓

2. 变速器输入轴和主轴的分解和组装

2.1 分解输出轴

(1) 取出止推卡环及锁片,见图1-3-42。

(2) 取出输入轴滚轮轴承。

(3) 取出止推片及平面轴承。

图1-3-42　取出止推卡环

(4) 取出一挡输出齿圈。

(5) 取出一挡滚针轴承,见图1-3-43。

(6) 取出一挡二挡同步器,分离上下两侧锁环。

图1-3-43　取出一挡滚针轴承

分解输出轴和分解同步器

图 1-3-44　取出止推卡环及锁片

(7) 取出二挡输出齿圈。
(8) 取出二挡滚针轴承。
(9) 取出止推卡环及锁片，见图 1-3-44。

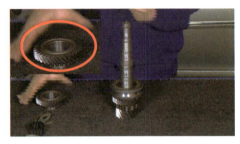

图 1-3-45　取出三挡输出齿圈

(10) 取出三挡输出齿圈，见图 1-3-45。
(11) 取出三挡滚针轴承。
(12) 取出三挡四挡同步器，分离上下两侧锁环。
(13) 取出四挡输出齿圈。

2.2　分解同步器

(1) 取下两侧同步器锁环（分离三挡四挡同步器）。
(2) 取下卡簧，以同样方法拆卸另一侧卡簧，见图 1-3-46。

图 1-3-46　取下卡簧

(3) 分离接合套及离合器毂。
(4) 取出三块同步器滑块，见图 1-3-47。
(5) 以同样方法拆卸一挡二挡同步器。

图 1-3-47　取下同步器滑块

2.3　组装同步器

(1) 对齐安装位置，将接合套安装到离合器毂上。
(2) 将三块滑块安装到相应的卡槽内，见图 1-3-48。
(3) 安装卡簧。

组装同步器和组装输出轴

图 1-3-48　安装同步器滑块

(4)安装上侧锁环。
(5)安装下侧卡簧。
(6)安装下侧锁环,见图1-3-49。
(7)以同样方法安装三挡四挡同步器。

图1-3-49　安装下侧锁环

2.4　组装输出轴

(1)安装四挡输出齿圈。
(2)安装三挡四挡同步器。
(3)安装止推片,安装三挡滚针轴承。
(4)安装三挡输出齿圈,见图1-3-50。

图1-3-50　安装三挡输出齿圈

(5)安装止推卡环及锁片。
(6)安装二挡滚针轴承。
(7)安装二挡输出齿圈,见图1-3-51。
(8)确认一挡二挡同步器正反面,并将其安装到位。

图1-3-51　安装二挡输出齿圈

(9)安装止推片,安装一挡滚针轴承。
(10)安装一挡输出齿圈,见图1-3-52。
(11)安装止推片及平面轴承。
(12)安装输入轴滚轮轴承。
(13)安装止推卡环及锁片。
(14)确认输出轴各齿圈安装到位。

图1-3-52　安装一挡输出齿圈

任务小结

1. 变速器的功用和类型

(1)变速器的功用是变速、变矩、中断动力传递、对外输出功率。

(2) 变速器的类型：按传动比级数不同分为有级式、无级式和综合式三种；按传动方式不同分为普通齿轮式和液力机械式；按工作轴的数量可分为三轴式变速器和二轴式变速器。

2. 齿轮变速的原理

(1) 齿轮变速的原理：一对齿数不同的齿轮啮合传动，若小齿轮为主动齿轮，带动大齿轮转动，输出转速降低；若大齿轮带动小齿轮时，输出转速升高。其传动比 $i_{12}=n_1/n_2=Z_2/Z_1$。

(2) 输入轴转速与输出轴转速或者从动齿轮齿数与主动齿轮齿数的比值称为传动比。传动比大于1，表示减速；传动比小于1，表示超速；传动比等于1，表示直接挡。

(3) 换挡即改变传动比，通过不同的齿轮啮合传动来实现。

3. 变速器组成

变速器主要由变速传动机构和操纵机构两大部分组成。

任务评价

(一) 课堂练习

1. 判断题

(1) 变速器第一轴与第二轴相互平行且在同一条直线上，因此，第一轴转动第二轴也随着转动。（　　）

(2) 变速器倒挡传动比数值设计得较大，一般与一挡传动比数值相近。这主要是为了倒车时，汽车应具有足够大的驱动力。（　　）

(3) 变速器的某一挡位的传动比既是该挡的降速比，也是该挡的增矩比。（　　）

2. 单选题

变速器挂倒挡时，第二轴的旋转方向（　　）。

A. 与发动机曲轴旋转方向相同

B. 与发动机曲轴旋转方向相反

C. 与变速器输出轴旋转方向相反

D. 与变速器输出轴旋转方向相反

(二) 技能评价

表 1-3-1　技能评价表

序号	内　　容	分值	得分
1	变速器盖及壳体的拆卸与安装	5	
2	夹具的安装与拆卸	5	

续表

序号	内　容	分值	得分
3	换挡拨叉轴的拆卸与安装	10	
4	五挡同步器的拆卸与安装	10	
5	五挡主、从动齿轮的拆卸与安装	10	
6	各类锁销的拆卸与安装	10	
7	输入轴和主轴的拆卸	15	
8	输入轴和主轴的安装	15	
9	按照规范流程进行拆装作业	10	
10	做好"6S"工作	10	
	总分	100	

(注：操作规范即得分，操作错误或未进行操作即0分)

学习任务 4 离合器拆装

任务目标
◎ 用自己的语言描述离合器的功用和摩擦式离合器的工作原理及类型。
◎ 简要概括膜片弹簧离合器的结构和工作原理。
◎ 在 30 min 内顺利完成对离合器的拆装。

学习重点
◎ 离合器拆装的方法。

知识准备

离合器的功用和基本原理

离合器安装在发动机与变速器之间,可以在离合器踏板的操纵下接合或分离,从而传递或切断发动机的动力。

1. 离合器的功用(图 1-4-1)

(1) 平顺接合动力,保证汽车平稳起步,采用半联动(滑移)。

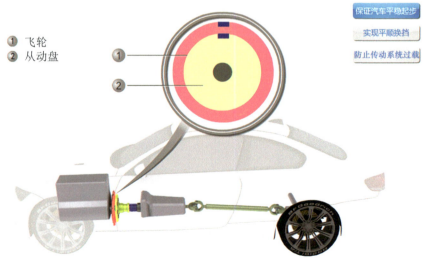

图 1-4-1 离合器功用

（2）临时切断动力，保证换挡时工作平顺，易于齿轮的分离和啮合。

（3）防止传动系统过载，会自动打滑起到保护作用。

2. 摩擦式离合器

2.1 摩擦式离合器的结构

汽车上使用最多的是摩擦式离合器。摩擦式离合器基本结构主要是由主动部分、从动部分、操纵机构和压紧机构组成（图1-4-2）。

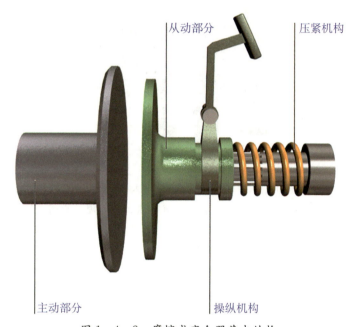

图1-4-2 摩擦式离合器基本结构

2.2 摩擦式离合器的工作原理（图1-4-3）

汽车上使用最多的是摩擦式离合器。摩擦式离合器依靠摩擦原理传递发动机动力。当从动盘与飞轮之间有间隙时，飞轮不能带动从动盘旋转，离合器处于分离状态。当压紧力将从动盘压向飞轮后，飞轮表面对从动盘表面的摩擦力带动从动盘旋转，离合器处于接合状态。

2.3 摩擦式离合器的类型（图1-4-4）

（1）按从动盘的数目分类。

摩擦式离合器按从动盘的数目可分为单盘式离合器和双盘式离合器。单盘式离合器只有一个从动盘，双盘式离合器有两个从动盘，摩擦面数目多，可传递的转矩较大。

（2）按压紧弹簧的结构形式分类。

摩擦式离合器按压紧弹簧的结构形式可分为螺旋弹簧离合器和膜片弹簧离合器。

① 螺旋弹簧离合器：压紧弹簧是常见的螺旋弹簧，又分为圆周均布螺旋弹簧式和中央螺旋弹簧式。

② 膜片弹簧离合器：压紧弹簧是膜片弹簧。

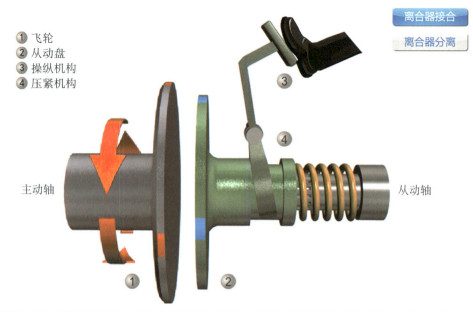

① 飞轮
② 从动盘
③ 操纵机构
④ 压紧机构

主动轴　　从动轴

弹簧张力将从动盘压向飞轮，从动盘与飞轮间的摩擦力带动从动盘旋转，离合器处于接合状态。

图1-4-3　离合器工作原理示意图

摩擦式离合器分类（一）

摩擦式离合器分类（二）

膜片弹簧离合器

螺旋弹簧离合器

图1-4-4　摩擦式离合器的类型

3. 膜片弹簧离合器

3.1　膜片弹簧离合器结构组成

膜片弹簧离合器由主动部分、从动部分、压紧装置和操纵机构等组成（图1-4-5）。

（1）主动部分：飞轮、压盘、离合器盖等。

（2）从动部分：从动盘、从动轴（即变速器第一轴）。

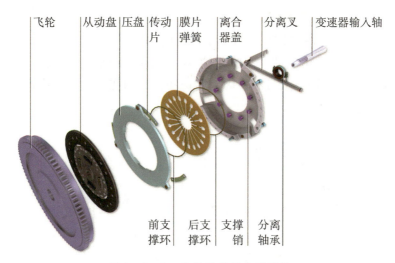

图 1-4-5 膜片弹簧离合器结构

（3）压紧部分：膜片弹簧。

（4）操纵机构：分离杠杆、分离叉、分离套筒、分离轴承、离合器踏板等。

3.2　膜片弹簧离合器工作原理（图 1-4-6）

（1）接合状态。当离合器盖总成被固定到飞轮上时，膜片弹簧大端受压并产生位移，对压盘产生压力，使从动盘摩擦片被压紧在飞轮和压盘之间，此时离合器处于接合状态。

（2）分离过程。当分离离合器时，借助踏板机构的操纵使分离轴承前移，推动离合器膜片弹簧小端前移，膜片弹簧以支撑环为支点顺时针转动，膜片弹簧大端后移，通过分离钩拉动压盘离开从动盘完成分离动作，使离合器处于分离状态。

（3）接合过程。逐渐松开离合器踏板，压盘在压紧弹簧的作用下向前移动，首先消除分离间隙，并在压盘、从动盘和飞轮工作表面上作用足够的压紧力；之后分离轴承在复位弹簧的作用下向后移动，产生自由间隙，离合器接合。

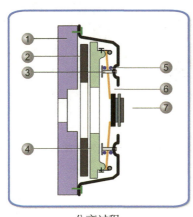

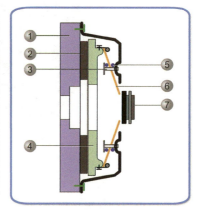

图 1-4-6　膜片弹簧离合器工作原理

离合器从动盘组成

4. 带扭转减振器的从动盘

（1）带扭转减振器从动盘的结构组成（图1-4-7）。

从动盘主要由从动盘本体、摩擦片和从动盘毂组成。带扭转减振器的从动盘可以防传动系统共振、过载。因为转速和转矩的变化及行驶中产生的振动会减小传动系统使用寿命。

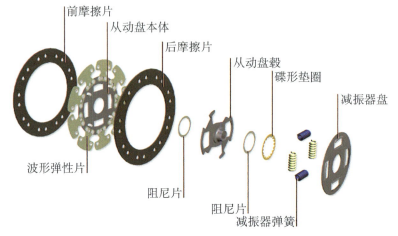

图1-4-7 带扭转减振器的从动盘

（2）带扭转减振器从动盘的工作原理（图1-4-8）。

带扭转减振器从动盘的动力传递顺序是：从动盘本体→减振器弹簧→从动盘毂。

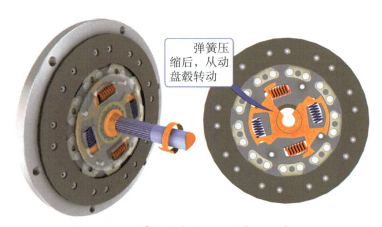

图1-4-8 带扭转减振器从动盘的工作原理

5. 操纵机构

5.1 机械式操纵机构

离合器踏板和分离轴承之间通过机械杆件和拉索相连（图1-4-9）。

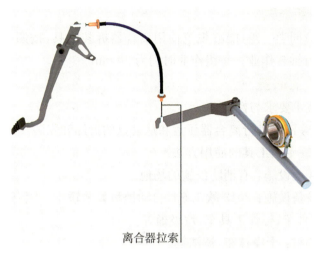

图 1-4-9 机械式操纵机构

5.2 液压式操纵机构

离合器踏板和分离轴承之间通过主缸、工作缸及液压管路相连,离合器依靠人力产生的液压力控制(图 1-4-10)。

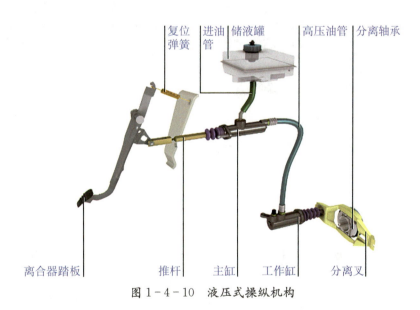

图 1-4-10 液压式操纵机构

任务实施

(一)实施方案

1. 质量要求

参照 2013 款 1.6 L 自动挡科鲁兹轿车厂家的质量标准要求。

2. 组织方式

每四位同学一组，能够规范使用离合器拆装工具，按照企业岗位操作规范对离合器进行拆装作业。每组作业时间为 30 min。

3. 作业准备

（1）技术要求与标准：

① 能够正确进行离合器压盘和从动盘的拆卸和安装。

② 掌握专用工具的使用方法。

（2）场地设施：有消防设施的场地。

（3）设备设施：2013 款 1.6 L 自动挡科鲁兹轿车一辆、科鲁兹轿车专用工具、工具车、零件车、标保工具车、垃圾桶等。

（4）耗材：干净抹布、清洁剂。

离合器总成检修

（二）操作步骤

1. 拆卸离合器压盘和从动盘

（1）拆下变速器（对于 D16 变速器的拆卸程序，请参见"变速器更换"）。

（2）将 EN-652 固定工具①安装至发动机缸体，用以固定飞轮，见图 1-4-11。

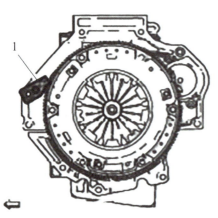

图 1-4-11 安装飞轮固定工具

（3）将与 DT-6263-1 支架配合使用的 DT-6263 拆卸工具/安装工具①连接至发动机缸体，见图 1-4-12。

（4）将 4 个螺栓（箭头处）安装至发动机缸体，但不要紧固。

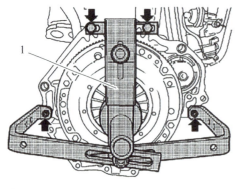

图 1-4-12 连接专用工具至发动机缸体

注意事项

◇ 为避免损坏压盘弹簧片末端，用 DT-6263 拆卸工具/安装工具拆卸和安装离合器压盘。

◇ 记录托架的不同长度，以便将 DT-6263 拆卸工具/安装工具连接至发动机缸体下方。

(5) 将所需离合器对中导管⑤连接至 DT-6263-30 冲子④。

(6) 紧固 DT-6263 拆卸工具/安装工具，见图 1-4-13。

● 通过 DT-6263 拆卸工具/安装工具，与离合器对中导管配合使用将 DT-6263-30 中心冲子②插入离合器压盘和曲轴中心（箭头处）。

● 紧固滚花轮①。

● 紧固螺栓③。

● 紧固将 DT-6263 拆卸工具/安装工具安装至发动机缸体的 4 个螺栓。

(7) 使用 DT-6263 拆卸工具/安装工具预载离合器弹簧，见图 1-4-14。

● 转动螺杆①直至其靠近离合器压盘的弹簧片。

● 测量距离 a。提示：不要过度旋转，留出离合器从动盘自由运动的空间即可。

● 顺时针转动螺杆直至延长大约 8 mm 距离。

● 检查离合器从动盘是否能自由运动。

提示：确认装配螺栓时是否涂抹螺纹锁止胶。

(8) 拆下并报废 6 个离合器压盘螺栓①，见图 1-4-15。

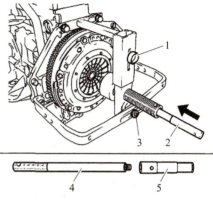

图 1-4-13 紧固专用工具

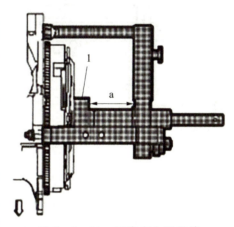

图 1-4-14 预载离合器弹簧

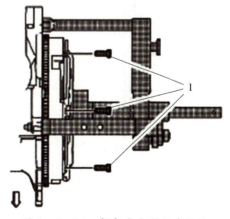

图 1-4-15 拆卸离合器压盘螺栓

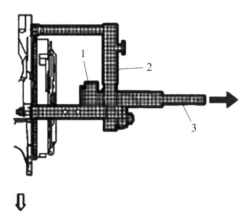

图1-4-16 逆时针转动专用工具螺杆

(9) 松开DT-6263拆卸工具/安装工具②。
- 逆时针转动DT-6263拆卸工具/安装工具的螺杆①直至停止,见图1-4-16。
- 拆下与离合器对中导管(箭头处)配合使用的DT-6263-30中心冲子③。

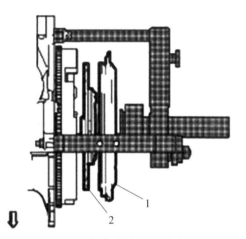

图1-4-17 拆卸离合器压盘和从动盘

(10) 拆下离合器压盘①和离合器从动盘②,见图1-4-17。

提示:离合器压盘和从动盘被异物(油、清洁剂等)污染,必须更换。检查毂侧面的离合器从动盘是否损坏或有灰尘,必要时进行更换。

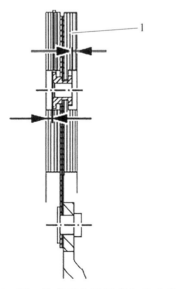

图1-4-18 检查离合器压盘和从动盘

(11) 检查离合器压盘和从动盘①并更换,见图1-4-18。

注意:如果衬片凸起小于0.5 mm(箭头处),则必须更换离合器从动盘。

(12) 检查离合器衬片铆钉上的衬片是否凸起。
(13) 将离合器压盘滑至变速器输入轴并检查是否易于移动。

2. 安装离合器压盘和从动盘

(1) 将衬套①安装至曲轴,见图 1-4-19。

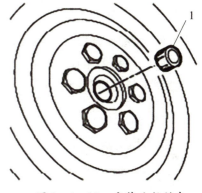

图 1-4-19　安装曲轴衬套

(2) 清理 6 个离合器压盘螺栓螺纹,见图 1-4-20。

注意:安装离合器从动盘时必须使盘上的德国字母"Getriebe-seite"(意思是齿轮箱)朝向变速器。

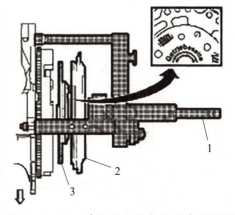

图 1-4-20　清洁 6 个离合器压盘螺栓螺纹

(3) 安装离合器从动盘③和离合器压盘②。使用与离合器对中导管配合使用的 DT-6263-30 中心冲子①对中离合器从动盘。

注意:请勿过度远离。

(4) 使用 DT-6263 拆卸工具/安装工具②预载离合器弹簧,见图 1-4-21。顺时针转动螺杆①直至飞轮和压盘对准(箭头处)。

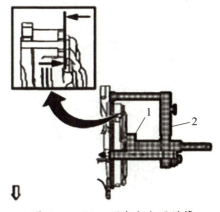

图 1-4-21　预载离合器弹簧

> **注意事项**
>
> ◇ 此时，装配离合器压盘螺栓时要涂抹螺纹锁止胶。维修时可能提供未密封的螺栓。此时在螺栓上涂抹螺纹锁止胶。如果紧固件未密封，则安装新的离合器压盘螺栓。请勿重复使用旧的螺栓。

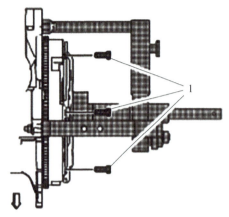

图 1-4-22 安装新的离合器压盘螺栓

（5）安装 6 个新的离合器压盘螺栓①，见图 1-4-22。

（6）紧固离合器压盘螺栓，拧紧力矩 15 N·m。

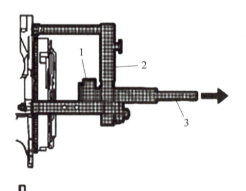

图 1-4-23 拆卸专用工具

（7）从发动机缸体上拆下 DT-6263 拆卸工具/安装工具②，见图 1-4-23。

● 逆时针转动 DT-6263 拆卸工具/安装工具的螺杆①直至停止。

● 拆下与离合器对中导管（箭头处）配合使用的 DT-6263-30 中心冲子③。

● 拆下将 DT-6263 拆卸工具/安装工具安装至发动机缸体的 4 个螺栓。

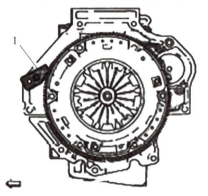

图 1-4-24 拆卸飞轮固定工具

（8）从发动机缸体上拆下 EN-652 固定工具①，见图 1-4-24。

（9）安装变速器。

任务小结

1. 离合器功用

离合器的功用是保证汽车平稳起步、便于换挡、防止传动系统过载。

2. 离合器分类

（1）摩擦式离合器的类型。按从动盘的数目可分为单片式、双片式；按压紧弹簧的形式及布置形式可分为周布螺旋弹簧式和膜片弹簧式等。

（2）离合器按操纵机构的类型有机械式（杆式和拉索式）、液压式等。

3. 离合器结构和工作原理

（1）离合器由主动部分、从动部分、压紧装置和操纵机构四部分组成。

（2）离合器处于接合状态时，压紧弹簧将压盘、从动盘、飞轮相互压紧。发动机的转矩经飞轮及压盘通过摩擦面的摩擦力矩传到从动盘，再经从动轴向传动系统输出。

（3）离合器的分离过程。踏下踏板时，离合器的主、从动部分处于分离状态，中断动力传递。

（4）离合器的接合过程。当需要恢复动力传递时，缓慢抬起离合器踏板，离合器的主、从动部分逐渐接合，传递的转矩逐渐增大，直到离合器完全处于接合状态为止。

（5）离合器处于接合状态时，分离轴承与分离杠杆内端之间预留的间隙称为离合器的自由间隙。其作用是防止从动盘摩擦片磨损变薄后压盘不能前移动而造成离合器打滑。

（6）离合器从动部分由从动盘和从动轴组成。从动盘分为不带扭转减振器和带扭转减振器的两种类型。

4. 膜片弹簧式离合器特点

膜片弹簧离合器的优点是膜片弹簧兼起分离杠杆的作用，简化了结构，轴向尺寸小；压盘圆周上的压力分布均匀，接合平顺；弹簧受高速离心力影响小，压力变化小，传动可靠性高，不易打滑；操纵轻便。

5. 液压式离合器操纵机构组成

液压式操纵机构由离合器踏板、离合器主缸、工作缸、分离叉、分离轴承和管路系统组成。

踏下离合器踏板，主缸油压升高并通过管路传到工作缸，再经分离轴承、分离叉使离合器分离。

（一）课堂练习

1. 判断题

（1）摩擦片沾油或磨损过甚会引起离合器打滑。（　　）

(2) 离合器在使用过程中,不允许出现摩擦片与压盘、飞轮之间有任何相对滑移的现象。(   )

(3) 膜片弹簧离合器的结构特点之一是：用膜片弹簧取代压紧弹簧和分离杠杆。(   )

2. 单选题

(1) 当离合器处于完全接合状态时,变速器的第一轴(   )。

  A. 不转动

  B. 比发动机曲轴转速慢

  C. 与发动机曲轴转速相同

  D. 比发动机曲轴转速快

(2) 当膜片弹簧离合器处于完全分离状态时,膜片弹簧将发生变形,其(   )。

  A. 锥顶角不变

  B. 锥顶角为 180°

  C. 锥顶角为反向锥形

  D. 锥顶角为正向锥形

(二) 技能评价

表 1-4-1　技能评价表

序号	内　　容	分值	得分
1	EN-652 专用工具的使用	5	
2	DT-6263-1 支架与 DT-6263 专用工具的使用	5	
3	用 DT-6263 专用工具预载离合器弹簧	10	
4	检查离合器从动盘是否能自由运动并测量距离	10	
5	拆下离合器压盘和离合器从动盘	10	
6	检查离合器压盘和从动盘并更换	10	
7	将衬套安装至曲轴	10	
8	磨切 6 个离合器压盘螺栓螺纹	15	
9	安装 6 个新的离合器压盘螺栓	5	
10	按照规范流程进行拆装作业	10	
11	做好"6S"工作	10	
	总分	100	

(注：操作规范即得分,操作错误或未进行操作即 0 分)

学习拓展

1. 螺旋弹簧式离合器

1.1 螺旋弹簧式离合器的组成

螺旋弹簧离合器主要由主动部分、从动部分、压紧部分、操纵机构等部分组成(图1-5-1)。

(1) 主动部分有飞轮、压盘、离合器盖等。
(2) 从动部分有从动盘、从动轴(即变速器第一轴)。
(3) 压紧部分有压紧弹簧等。
(4) 操纵机构有分离杠杆、分离杠杆支承柱、摆动销、分离套筒、分离轴承、离合器踏板等。

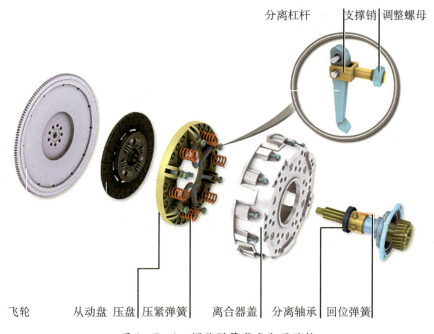

图1-5-1 螺旋弹簧式离合器结构

1.2 螺旋弹簧式离合器的工作过程(图1-5-2)

离合器分离时,踩下离合器踏板,在自由行程内首先消除离合器的自由间隙,然后在工作行程内使离合器分离。

离合器接合时,逐渐松开离合器踏板,压盘在压紧弹簧的作用下向前移动,首先消除分离间隙,并在压盘、从动盘和飞轮工作表面上作用足够的压紧力;之后分离轴承在复位弹簧的作用下向后移动,使离合器接合。

2. 十字轴刚性万向节

十字轴式刚性万向节结构简单、工作可靠,且允许所连接的两轴之间有较大交角,在汽

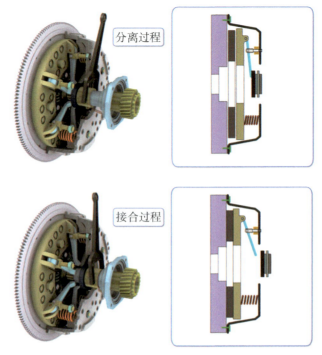

图 1-5-2 螺旋弹簧式离合器工作过程示意图

车上应用最为普遍。

2.1 十字刚性万向节的结构

普通万向节又称十字轴式刚性万向节,它允许相邻两轴的最大夹角为15°～20°。万向节叉上的孔分别套在十字轴的四个轴颈上。在十字轴轴颈与万向节叉孔之间装有滚针和套筒,用带有锁片的螺钉和轴承盖来使之轴向定位。为了润滑轴承,十字轴内钻有油道,且与润滑脂加注口、安全阀相通(图1-5-3)。

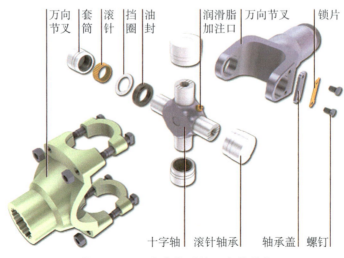

图 1-5-3 十字轴刚性万向节结构

2.2 十字轴式刚性万向节传动的不等速特性（图1-5-4）

单个十字轴式刚性万向节在输入轴和输出轴有夹角的情况下，其两轴的角速度是不相等的，两轴夹角α越大，转角差（$Φ_1-Φ_2$）越大，万向节的不等速特性越严重。

万向节传动的不等速特性将使从动轴及与其相连的传动部件产生扭转振动，从而产生附加的交变载荷，影响传动部件的寿命。

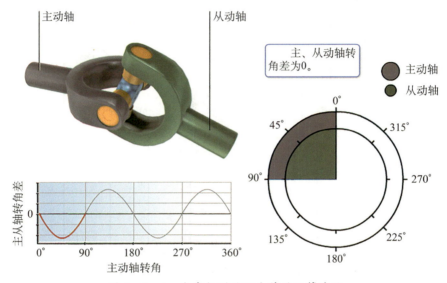

图1-5-4 十字轴刚性万向节的不等速性

3. 准等速万向节

根据双万向节实现等速传动的原理而设计的万向节称为准等速万向节。准等速万向节有双联式万向节和三销轴式万向节。

3.1 双联式万向节（图1-5-5）

双联式万向节的两个十字轴式万向节相连，中间传动轴长度缩减至最小。这样它允许

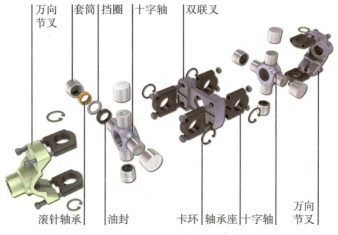

图1-5-5 双联式万向节结构

有较大的轴间夹角,且轴承密封性较好、效率高、制造工艺简单、加工方便、工作可靠等。多用于越野汽车。

3.2 三销轴式万向节(图1-5-6)

三销轴式万向节保证两轴角速度接近相等,允许相邻两轴有较大的交角,最大可达45°,可使汽车获得较小的转弯半径,提高汽车的机动性。但是这种万向节所占空间较大。

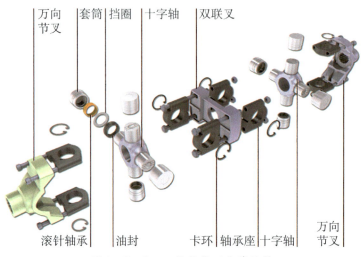

图1-5-6 三销轴式万向节结构

4. 传动轴和中间支承

4.1 传动轴

传动轴、花键轴、滑动叉、中间支承和万向节叉等共同组成了传动轴总成。其结构如图1-5-7所示。

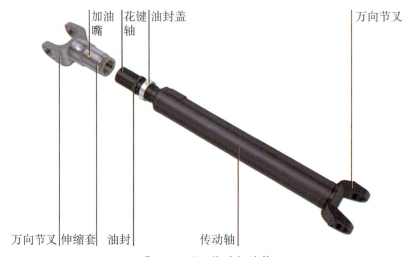

图1-5-7 传动轴结构

4.2 中间支承

如果万向传动装置传递的动力较远，传动轴中间会分段，并加中间支承(图1-5-8)。

摆动式中间支承的特点是，中间传动轴可以通过摆臂绕支承轴摆动；支承轴和摆臂下端均有橡胶衬套，可以改善轴承受力，补偿安装误差和运动中的位移。

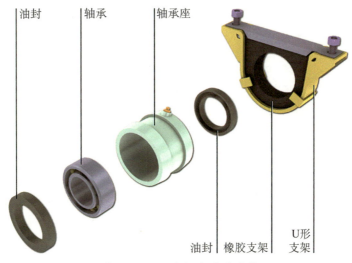

图1-5-8 中间支承的结构

项目二　行驶系统构造与拆装

项目导入

　　汽车行驶系统是指支持全车并保证车辆正常行驶的专门装置,它是将发动机经传动系统传来的动力转换成车轮上的驱动力,使汽车实现适应各种道路行驶的主要系统。

　　本项目主要通过对行驶系统主要机件的拆装作业,认识以及理解主要机件的结构、相互连接关系以及其工作原理。

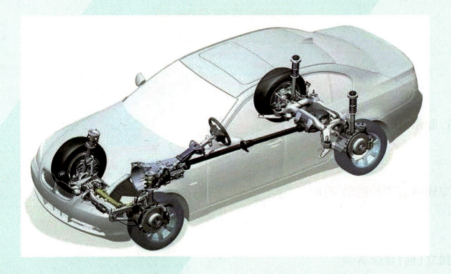

学习目标

素养目标
- 了解安全操作要求,养成安全文明操作的习惯。
- 养成组员之间互相协作的习惯。
- 实施操作结束后,清洁工具,并将工具设备归位,清洁场地。

技能目标
- 根据维修手册对汽车行驶系统进行拆装。

知识目标
- 简要概述行驶系统主要总成的结构特点和工作过程。
- 准确描述行驶系统主要总成和零部件拆卸和安装内容及方法。

学习任务

学习任务 1
◇ 行驶系统的认识

学习任务 2
◇ 车轮拆装和轮胎动平衡

学习任务 3
◇ 独立(前)悬架拆装

学习任务 4
◇ 非独立(后)悬架拆装

学习任务 1　行驶系统的认识

任务目标

任务目标
◎ 简要概括行驶系统的组成和功用。
◎ 用自己的语言描述汽车行驶系统各组成的作用。
◎ 在 20 min 内,顺利从实车上识别出行驶系统的各组成。

学习重点
◎ 汽车行驶系统各部件在车上的位置识别。

知识准备

1. 行驶系统的组成

汽车作为一种地面交通工具,其行驶系统一般由车架(或承载式车身)、车桥、车轮和悬架等部分组成,如图 2-1-1 所示。

图 2-1-1　汽车行驶系基本组成

2. 行驶系统的功用

汽车行驶系统的主要功用是：

（1）传递并承受路面作用于车轮上的各种力和力矩，借助驱动轮与路面的附着作用，将传动系统传来的转矩转化为汽车行驶的驱动力。

（2）缓和不平路面对汽车产生的冲击，减小汽车在行驶中车身的振动，保证汽车平顺行驶。

（3）与转向系统协调配合，实现汽车行驶方向的正确控制，保证汽车稳定操纵。行驶系统的功用如图 2-1-2 所示。

(a) 产生驱动力

(b) 减缓车身振动

与转向系统协调配合,实现汽车行驶方向的正确控制,保证汽车操纵稳定。

(c) 保证车身稳定

图 2-1-2 汽车行驶系的功用

汽车车架俗称"大梁",用以安装汽车的发动机,变速器,传动轴,前、后桥和车身等总成和部件。其功用是使各总成保持正确的相对位置,并承受汽车内外的各种载荷。车架的功用如图 2-1-3 所示。

图 2-1-3 车架的功用

前后车桥由前后车轮分别支承着,车桥通过弹性悬架与车架相连接。车桥的作用是传递车架和车轮之间的各个方向的作用力,并承受这些力所形成的弯矩和扭矩。车桥的功用如图 2-1-4 所示。

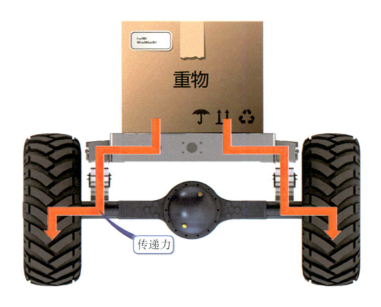

图 2-1-4 车桥的功用

车轮一般由轮辋、轮毂,以及连接这两者的轮辐(轮盘)组成。车轮用以安装轮胎和连接半轴或转向节,并用来支撑汽车重量,承受半轴或转向节传来的力矩。车轮结构如图 2-1-5 所示。

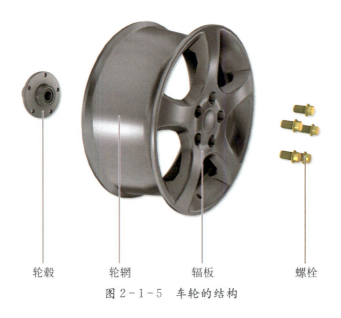

轮毂　　轮辋　　辐板　　螺栓

图 2-1-5 车轮的结构

悬架的作用是把路面作用于车轮上的各种力及其产生的力矩传递到车架(或承载式车身)上,吸收和缓和行驶中因路面不平引起的车轮跳动而传给车架的冲击和振动。悬架的作用如图 2-1-6 所示。

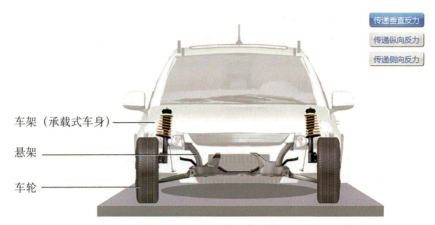

图 2-1-6　悬架的作用

##

（一）实施方案

1. 质量要求

参照 2013 款 1.6 L 自动挡科鲁兹轿车厂家的质量标准要求。

2. 组织方式

每四位同学一组，查看 2013 款 1.6 L 自动挡科鲁兹轿车的行驶系统，每组作业时间为 20 min。

3. 作业准备

（1）技术要求与标准：

① 习惯性使用"三件套"、发动机舱防护罩等汽车防护物品，养成良好职业习惯；

② 养成"采取安全防护措施维修作业"的习惯；

③ 养成工具、零部件、油液"三不落地"的职业习惯，工具及拆下的零部件等都应整齐地放置在工具车及零件盘中。

（2）设备器材如图 2-1-7 所示。

(a) 常用工具（一套）　　　　(b) 举升机

图 2-1-7　设备器材

(3) 场地设施：有消防设施的场地。

(4) 设备设施：2013 款 1.6 L 自动挡科鲁兹轿车一辆、举升机、工具车、零件车、标保工具车、垃圾桶等。

(5) 耗材：干净抹布、清洁剂等。

（二）操作步骤

识别底盘行驶系统的组成部件

(1) 按照举升机的操作要求采取相应的安全防护措施，用举升机举起汽车。

(2) 从汽车底部找出车架，观察其安装位置。

(3) 找出车桥，观察其安装位置。

(4) 找出车轮，观察其组成及其安装位置。

(5) 找出悬架系统，观察其安装位置。

(6) 将汽车及举升机复位，并检查复位状况是否良好。

1. 行驶系统的组成

汽车行驶系统一般由车架、车桥、车轮和悬架等部分组成。

2. 汽车行驶系统的主要功用

(1) 将汽车构成一个整体。

(2) 承受汽车总重量。

(3) 借助驱动轮与路面的附着作用，将传动系统传来的转矩转化为汽车行驶的驱动力。

(4) 传递并承受路面作用于车轮上的各种力和力矩。

(5) 缓和不平路面对汽车产生的冲击，减小汽车在行驶中的振动，保证汽车平顺行驶。

3. 车桥的作用

车桥的作用是传递车架和车轮之间的各个方向的作用力，并承受这些力所形成的弯矩和扭矩。

4. 悬架的作用

悬架的作用是把路面作用于车轮上的各种力及其产生的力矩传递到车架（或承载式车身）上，吸收和缓和行驶中因路面不平引起的车轮跳动而传给车架的冲击和振动。

（一）课堂练习

1. 判断题

(1) 悬架的作用是使各总成保持正确的相对位置，并承受汽车内外的各种载荷。（　　）

(2) 车轮一般由轮辋、轮毂,以及连接这两者的辐板组成。( )
(3) 前后车桥由前后车轮分别支承着,车桥通过弹性悬架与车架相连接。( )

2. 单选题
(1) 以下不是行驶系统功用的是( )。
  A. 承受汽车总重量
  B. 借助驱动轮与路面的附着作用,将传动系统传来的转矩转化为汽车行驶的驱动力
  C. 传递并承受路面作用于车轮上的各种力和力矩
  D. 根据车辆行驶需要,按照驾驶人的意图适时改变汽车的行驶方向
(2) 车轮用以安装轮胎和连接半轴或转向节,并用来支撑汽车重量,承受( )传来的力矩。
  A. 车桥   B. 半轴   C. 悬架   D. 车架

(二) 技能评价

表 2-1-1 技能评价表

序号	内容	分值	得分
1	按照操作要求举起汽车	10	
2	找出车架并说出其组成和功用	20	
3	找出车桥并说出其组成和功用	20	
4	找出车轮并说出其组成和功用	20	
5	找出悬架并说出其组成和功用	20	
6	将汽车及举升机复位	10	
	总分	100	

(注:操作规范即得分,操作错误或未进行操作即 0 分)

学习任务 2　车轮拆装和轮胎动平衡

 任务目标

任务目标
◎ 简要概括车轮和轮胎的组成和功用。
◎ 说出车轮按不同方式的分类。
◎ 熟悉轮胎的分类和车轮动平衡。
◎ 在 20 min 内顺利完成车轮拆装和轮胎动平衡。

学习重点
◎ 车轮拆装和轮胎动平衡的主要内容及方法。

 知识准备

1. 车轮

车轮用以安装轮胎和连接半轴或转向节,并用来支撑汽车重量,承受半轴或转向节传来的力矩。车轮一般由轮辋、轮毂,以及连接这两者的轮辐(轮盘)组成(图 2-2-1)。

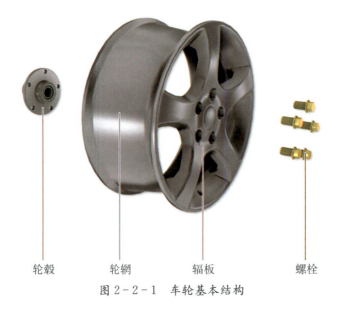

轮毂　　轮辋　　辐板　　螺栓
图 2-2-1　车轮基本结构

（1）按轮辐结构分类。

按轮辐结构特点，车轮可分为辐板式和辐条式两种（图2-2-2）。

图2-2-2 车轮按轮辐结构分类

（2）按轮辋结构分类。

轮辋又称为钢圈，是装配和固定轮胎的基础。按照轮辋结构特点的不同，可分为深槽轮辋、平底轮辋和对开式（可拆式）轮辋三种形式（图2-2-3）。

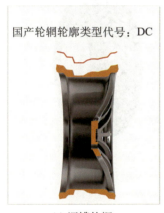
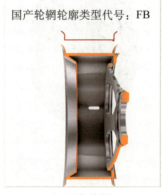
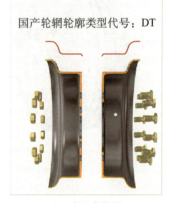

(a) 深槽轮辋　　(b) 平底轮辋　　(c) 对开式轮辋

图2-2-3 车轮按轮辋结构分类

2. 轮胎

轮胎安装在轮辋上，直接与路面接触，其作用是：支承汽车总重量；与汽车悬架共同缓和汽车行驶时所受到的冲击，以保证良好的乘坐舒适性和行驶平顺性；保证车轮与路面的良好附着，使汽车行驶平稳。

现代汽车几乎都采用充气轮胎。分类方法有很多种：

（1）按其组成结构不同，可分为有内胎轮胎和无内胎轮胎两种，如图2-2-4所示。

(a) 有内胎轮胎　　　　　　　　(b) 无内胎轮胎

图 2-2-4　轮胎按结构不同分类

（2）按其胎面花纹的不同，可分为普通花纹轮胎、越野花纹轮胎和混合花纹轮胎，如图 2-2-5 所示。一般新车花纹深度为 6～7 mm，在用车 1.6 mm 以上。

图 2-2-5　按胎面花纹不同分类

（3）按其胎体内帘线排列的方向，可分为普通斜交轮胎和子午线轮胎。子午线轮胎是帘布层帘线排列方向与轮胎的断面一致（即与胎面中心线成 90°），这种排列使帘线的强度得到充分利用，故子午线轮胎的帘布层数比普通斜交轮胎减少约一半。普通斜交轮胎的帘布层帘线排列方向与轮胎的断面成 60°，如图 2-2-6 所示。

子午线轮胎的优点是：重量轻、弹性大、减振性能好，有良好的附着力，承载能力大、胎温低、耐穿刺、使用寿命长。

（4）按充气压力大小，可分为高压轮胎（0.5～0.7 MPa）、低压轮胎（0.15～0.45 MPa）和超低压轮胎（0.15 MPa 以下）。目前广泛采用低压轮胎。

(a) 普通斜交轮胎

(b) 子午线轮胎

图 2-2-6　按胎体内帘线排列方式分

3. 轮胎动平衡

轮胎的动平衡用轮胎动平衡机检测,动平衡机的结构如图 2-2-7 所示。

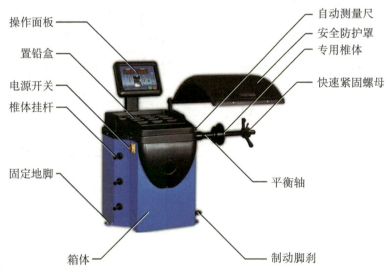

图 2-2-7　轮胎动平衡机

动平衡机使用时应输入各项数据,主要包括:设定轮胎动平衡机至车轮轮辋边缘的距离(见图 2-2-8),测量轮辋宽度(见图 2-2-9)和读取轮辋直径等。

如果检测发现轮胎动平衡不合格,则需要加配平衡块。常用的平衡块有 5 g、10 g、15 g、20 g、25 g、30 g、50 g 和 100 g 八种。一般选择两面嵌入式配重模式。

当轮胎动平衡检测值在 5 g 以内视为合格,否则需重新测量和调整。

动平衡机上的轮胎安装方法有两种:倒锥式安装和前锥式安装。使用倒锥式安装方法时,依次装入弹簧,装入锥套,车轮轮辋,装上轮辋罩盖,装入衬套,拧紧快速紧固螺母,如图 2-2-10 所示。使用前锥式安装方法,依次安装车轮轮辋,装入锥套,装入衬套,拧紧快速紧固螺母,如图 2-2-11 所示。

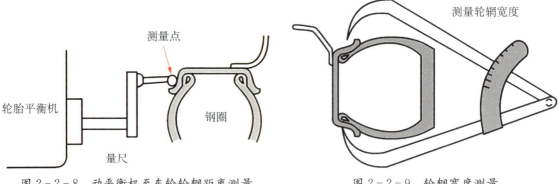

图 2-2-8 动平衡机至车轮轮辋距离测量　　图 2-2-9 轮辋宽度测量

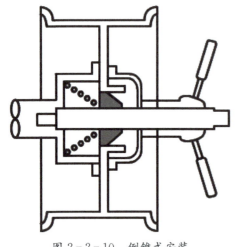 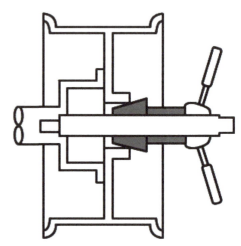

图 2-2-10 倒锥式安装　　图 2-2-11 前锥式安装

（一）实施方案

1. 质量要求

参照 2013 款 1.6 L 自动挡科鲁兹轿车厂家的质量标准要求。

2. 组织方式

每四位同学一组，能够规范使用车轮拆装工具和轮胎动平衡机，按照企业岗位操作规范对车轮进行拆装和轮胎动平衡作业。每组作业时间为 20 min。

3. 作业准备

（1）技术要求与标准：

① 轮胎胎面花纹检查。

② 轮胎动平衡机性能检查。

③ 按技术标准对轮胎进行动平衡,其动平衡检测值不大于 5 g。

(2) 设备器材如图 2-2-12 所示。

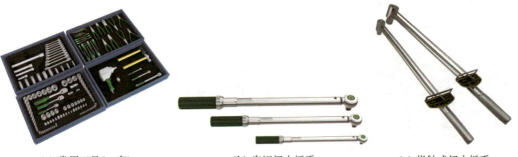

(a) 常用工具(一套)　　(b) 定矩扭力扳手　　(c) 指针式扭力扳手

(d) 气动(电动)拆装工具　　(e) 轮胎动平衡机

图 2-2-12　设备器材

(3) 场地设施:有消防设施的场地。

(4) 设备设施:2013 款 1.6 L 自动挡科鲁兹轿车一辆、工具车、零件车、标保工具车、垃圾桶等。

(5) 耗材:干净抹布、清洁剂等。

(二) 操作步骤

1. 轮胎的拆卸

1.1 安装举升垫块(图 2-2-13)

(1) 安装右侧举升垫块,将垫块安放在车辆举升点正下方的举升平板上面。

(2) 安装左侧举升垫块。

图 2-2-13　安装举升垫块

拆卸轮胎

注意事项

◇ 车辆的举升点在车辆底座两个凹槽处。
◇ 举升机垫块须在举升平板内,不允许垫块部分在平板外。
◇ 车身较长的车辆,可拉动举升平板的延长部分进行安放垫块。

图 2-2-14 拧松轮胎固定螺

1.2 拆卸轮胎

(1) 选用合适的工具,接杆和 19 mm 套筒对角多次拧松轮胎固定螺栓,见图 2-2-14。

注意事项

◇ 轮胎的固定螺栓必须使用对角多次拧松的方法进行操作。

图 2-2-15 举升车辆

(2) 解除驻车制动。
(3) 举升车辆,见图 2-2-15。

图 2-2-16 检查举升垫块的位置

(4) 检查举升垫块的位置,见图 2-2-16。

注意事项

◇ 如果位置不合适,必须进行调整。

(5) 继续举升车辆至轮胎离地。

(6) 将车辆举升至合适的高度,确认举升机锁止可靠。

(7) 使用工具旋出轮胎固定螺栓,见图 2-2-17。

(8) 取下轮胎。

图 2-2-17 旋出轮胎固定螺栓

◇ 旋至最后一颗螺栓时,需要用手扶着轮胎,避免轮胎滑落。

2. 检查和安装轮胎

2.1 检查轮胎(图 2-2-18)

(1) 检查轮胎外观是否有异常磨损、损伤。

(2) 检查胎面是否扎钉,是否有石子。

(3) 检查轮胎胎壁,是否有损伤,是否有鼓包。

图 2-2-18 检查轮胎

检查轮胎

(4) 检查轮辋有无变形、损伤、裂纹。

(5) 检查气门嘴是否有裂纹、损伤。

(6) 清洁轮胎、轮辋上附着的污泥、沙石等异物。

(7) 使用轮胎花纹深度尺检查轮胎花纹深度,见图 2-2-19。

图 2-2-19 检查轮胎花纹深度

(8) 对轮胎多个位置进行测量。

(9) 读取并记录数据。

(10) 轮胎花纹深度应大于 4 mm。

(11) 小于 4 mm 必须更换轮胎。

(12) 拆卸轮胎上旧的平衡块,见图 2-2-20。

图 2-2-20 拆卸轮胎上旧的平衡块

> **注意事项**
> ◇ 如果轮胎有鼓包，必须更换新的轮胎。
> ◇ 轮胎磨损异常，排除故障后也需要更换轮胎。
> ◇ 胎壁是比较薄的位置，如果有严重的损伤，也必须更换。

安装轮胎

图 2-2-21 把轮胎安装到动平衡机

2.2 安装轮胎

（1）取下平衡机挡块和快锁螺母。

（2）将轮胎安装到平衡机上，见图 2-2-21。

（3）放入挡块。

图 2-2-22 旋入快锁螺母

（4）旋入并锁紧快锁螺母，见图 2-2-22。

（5）检查轮胎是否已经锁紧。

车轮动平衡检测

图 2-2-23 测量轮胎边距

3. 车轮动平衡检测

3.1 输入数值

（1）打开动平衡机。

（2）拉出测量尺，测量轮胎边距，见图 2-2-23，读出具体数据，并输入到动平衡机。

图 2-2-24 测量轮辋宽度

（3）用轮辋宽度测量尺，测量车轮轮辋宽度，见图 2-2-24，并输入到动平衡机。

（4）查看轮胎胎侧的轮辋直径，并输入到动平衡机。

◇ 正确输入数值,否则测量的结果会不准确。

3.2 车轮动平衡检测

(1) 盖下保护盖,开始进行检测。

(2) 让轮胎在动平衡机上转动。

(3) 当车轮停止转动后,查看所测车轮两侧的动平衡检测数据,见图 2-2-25。

图 2-2-25 查看车轮动平衡检测数据

3.3 在轮辋上装平衡块

(1) 转动车轮到达外侧的不平衡点,见图 2-2-26,此时该不平衡点指示灯亮,并用手扶住。

(2) 在车轮轮辋外侧 12 点箭头指向的位置,根据轮辋的构造、材质和屏幕显示的不平衡量,选择和安装合适形状和质量的平衡块。

图 2-2-26 查找车轮动不平衡点

◇ 安装平衡块时,要小心操作,避免砸到自己的手,平衡块必须安装牢固可靠。

3.4 轮胎动平衡的复测

(1) 重新进行动平衡测试,确认安全后,按下启动开关,让轮胎在动平衡机上转动。

(2) 测试结束后,如仍存在不平衡,应去掉已安装的平衡块重新测试和安装平衡块,直至显示不平衡量小于 5 g,见图 2-2-27。

(3) 关闭动平衡机。

图 2-2-27 不平衡量显示

3.5 取下轮胎

(1) 取下快锁螺母。

(2) 取下轮辋中心的锥形套,见图 2-2-28。

(3) 取下轮胎。

图 2-2-28 取下锥形套

图 2-2-29 预紧轮胎螺栓

4. 安装轮胎
（1）将轮胎安装到轮毂上。
（2）用手旋入固定螺栓。
（3）选用合适的工具将轮胎螺栓预紧，见图 2-2-29。

◇ 轮胎必须预紧后才能降落到地面，否则，轮辋可能变形。

图 2-2-30 紧固轮胎固定螺栓

（4）将举升机解锁。
（5）并降落到地上。
（6）选用扭力扳手根据维修手册将轮胎固定螺栓紧固至 140 N·m，见图 2-2-30。
标准力矩：140 N·m

 任务小结

1. 车轮的作用与组成
车轮用以安装轮胎和连接半轴或转向节，并用来支撑汽车重量，承受半轴或转向节传来的力矩。车轮一般由轮辋、轮毂，以及连接这两者的轮辐（轮盘）组成。

2. 车轮的分类
按轮辐的构造，车轮可分为辐板式和辐条式两种：轿车和轻、中型载货汽车上广泛采用辐板式车轮，辐条式车轮常用于装载重量大的重型汽车上。

3. 轮辋的分类
轮辋又称为钢圈，是装配和固定轮胎的基础。按照轮辋结构特点的不同，可分为深槽轮辋、平底轮辋和对开式（可拆式）轮辋三种形式：深槽轮辋用于弹性较大的轿车，以及轻型越野汽车轮胎；平底轮辋一般用于货车；对开式轮辋多用于越野汽车。

4. 轮胎分类及子午线轮胎特点
轮胎按其胎体内帘线排列的方向，可分为普通斜交轮胎和子午线轮胎：子午线轮胎是帘布层帘线排列方向与轮胎的子午断面一致（即与胎面中心线成 90°），这种排列使帘线的强度得到充分利用，故子午线轮胎的帘布层数比普通斜交轮胎减少约一半。

（一）课堂练习

1. 判断题

（1）行驶系统一般由车架、车桥、车轮和悬架等部分组成。（   ）

（2）车轮连接轮辋和轮毂的是钢圈。（   ）

（3）轮胎的动不平衡量应调整至 5 g 以内。（   ）

2. 单选题

（1）外胎结构中，起承受负荷作用的是（   ）。

  A. 胎面   B. 胎圈   C. 帘布层   D. 缓冲层

（2）轿车车轮使用的轮辋是（   ）。

  A. 深槽轮辋   B. 平底轮辋

  C. 平底（可拆式）轮辋   D. 对开（可拆式）轮辋

（二）技能评价

表 2-2-1　技能评价表

序号	内　　容	分值	得分
1	举升并妥善支撑车辆	10	
2	按规定顺序拆下轮胎螺栓，取下轮胎	20	
3	轮胎检查	10	
4	轮胎动平衡检测前轮胎信息数据输入	20	
5	轮胎动平衡检测，安装动平衡块	20	
6	清除车轮和轮毂安装面上的所有锈蚀或异物	20	
	总分	100	

（注：操作规范即得分，操作错误或未进行操作即 0 分）

学习任务 3 独立(前)悬架拆装

任务目标
◎ 简要概括悬架的组成及分类。
◎ 说出独立悬架的结构及特点。
◎ 在 30 min 内完成对独立(前)悬架拆装。

学习重点
◎ 独立(前)悬架拆装的主要内容及方法。

知识准备

1. 悬架的组成和分类

悬架是车架(或承载式车身)与车桥(或车轮)之间全部传力连接装置的总称。它由弹性元件、减振装置和导向机构等三部分组成,见图 2-3-1。

认识几种非独立悬架

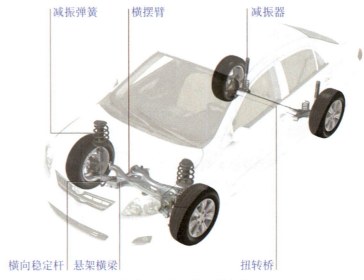

图 2-3-1 悬架的组成

根据汽车两侧车轮运动是否相互关联,汽车悬架分为非独立悬架和独立悬架两大类,见图 2-3-2。

图 2-3-2 悬架的分类

2. 独立悬架结构

独立悬架主要由螺旋弹簧、筒式减振器、导向装置或稳定杆等组成,如图 2-3-3 所示。

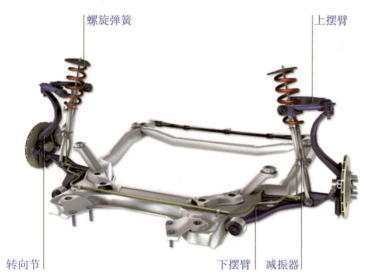

独立悬架概述

图 2-3-3 独立(前)悬架结构组成

独立悬架的结构特点是两侧车轮各自单独地通过弹性元件与车架(或车身)相连,并且采用断开式车桥。若一侧车轮相对于车架(或车身)的位置发生变化时,另一侧车轮不受影响。这种悬架结构复杂,但车身的平稳性和高速行驶的稳定性较好,因此在轿车和小客车上得到普遍采用。

3. 独立悬架特点

独立悬架的优点是提高了汽车行驶的平顺性、操纵稳定性和乘座舒适性。

独立悬架具有以下特点：

（1）在悬架弹性元件一定的变形允许范围内，两侧车轮可以单独运动而互不影响，可以减少汽车在不平路面上行驶时车架和车身的振动。

（2）减少了汽车的非簧载质量。在道路条件和车速相同时，非簧载质量愈小，则悬架所受冲击载荷也愈小。

（3）采用断开式车桥，降低了汽车质心，提高汽车的行驶稳定性；并使车轮上下运动的空间增大，因而可以将悬架刚度设计得较小，使车身振动频率降低，以改善汽车行驶的平顺性和乘坐舒适性。

但是，独立悬架结构复杂，制造成本高，保养维修不便。

麦弗逊式悬架是一种典型独立悬架，其结构如图 2-3-4 所示。

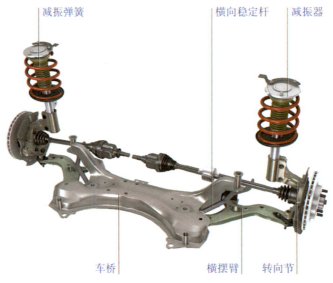

图 2-3-4 麦弗逊式独立悬架结构

麦弗逊式悬架突出的优点是增大了两侧前轮内侧的空间，便于发动机和其他一些部件的布置。为了更可靠地传递车轮所受的纵向力，有的悬架中增设了支撑杆，还有的虽不增设支撑杆，但将横摆臂制成叉形，以有效地传递车轮所受的纵向力和侧向力。

（一）实施方案

1. 质量要求

参照 2013 款 1.6 L 自动挡科鲁兹轿车厂家的质量标准要求。

2. 组织方式

每四位同学一组,能够规范使用独立悬架拆装工具,按照企业岗位操作规范对独立(前)悬架进行拆装作业。每组作业时间为 30 min。

3. 作业准备

(1) 技术要求与标准见表 2-3-1。

表 2-3-1 技术要求与标准

检测内容	规定状态
前稳定杆隔振垫卡箍螺栓	22 N·m + 40°
后车架螺栓	160 N·m
前变速器支座螺栓	58 N·m
后变速器支座托架螺栓	100 N·m
轴承/轮毂螺栓	90 N·m + 60° + 15°
下控制臂衬套螺栓	55 N·m + 45° + 60°
转向节球节螺栓	30 N·m + 60°~75°
后下控制臂螺栓和螺母	70 N·m + 75°~90°
前下控制臂螺栓和螺母	90 N·m + 75°~90°
转向节安装螺栓和螺母	90 N·m + 60°~70°
上滑柱支座螺母	45 N·m
稳定杆连杆螺母	65 N·m

(2) 设备器材如图 2-3-5 所示。

(3) 场地设施:有消防设施的场地。

(4) 设备设施:2013 款 1.6 L 自动挡科鲁兹轿车一辆、科鲁兹汽车相关专用工具、工具车、零件车、标保工具车、垃圾桶等。

(5) 耗材:干净抹布、清洁剂等。

常用工具(一套)

图 2-3-5 设备器材

(二) 操作步骤

1. 右前减振器的拆卸与安装

1.1 拆卸减振器总成

(1) 用指针式扭力扳手、接杆、18 mm 套筒和 18 mm 扳手配合拧松减振器支座两颗固定螺母,见图 2-3-6。

图 2-3-6 拧松减振器固定螺母

拆卸减振器总成

图 2-3-7 旋出固定螺母

(2) 用棘轮扳手、接杆、18 mm 套筒和 18 mm 扳手配合旋出固定螺母,取下固定螺母。

(3) 选用棘轮扳手、接杆、T40 套筒和 18 mm 扳手配合拧松横向稳定杆连接杆固定螺母,旋出固定螺母,见图 2-3-7。

(4) 将制动油管与减振器分离。

图 2-3-8 用橡胶锤拆卸固定螺栓

(5) 使用橡胶锤拆卸减振器支座两颗固定螺栓,见图 2-3-8。

(6) 将连接杆与减振器分离。

(7) 将垫块安装到转向节下面。

◇ 安装垫块是为了防止对传动轴造成损坏。

图 2-3-9 用手旋出固定螺母

(8) 选用棘轮扳手、接杆、T40 套筒和 24 mm 扳手配合拧松减振器上座螺母。

(9) 一只手托着减振器总成,另一只手旋出固定螺母,见图 2-3-9。

(10) 取下减振器上座垫块。

1.2 安装减振器总成

(1) 将减振器安装到车架上。

(2) 安装垫块。

(3) 安装上座固定螺母,见图 2-3-10。

安装减振器总成

图 2-3-10 安装固定螺母

◇ 正确地将减振器安装到车架上。

（4）选用棘轮扳手、接杆、T40套筒和24 mm扳手配合预紧减振器上座螺母。

（5）将横向稳定杆连接杆安装到减振器上。

（6）将转向节总成安装到减振器上，穿入固定螺栓，见图2-3-11。

图2-3-11 安装转向节

◇ 安装转向节总成时，如有需要可2名维修人员进行装配，以免对传动轴造成损坏。

（7）正确安装转向节总成。

（8）安装固定螺母。

（9）使用棘轮扳手、接杆、18 mm套筒和18 mm扳手配合预紧固定螺母。

（10）安装横向稳定杆连接杆固定螺母，见图2-3-12。

图2-3-12 安装连接杆固定螺母

（11）选用棘轮扳手、接杆、T40套筒和18 mm扳手配合预紧横向稳定杆连接杆固定螺母。

（12）根据维修手册使用扭力扳手将横向稳定杆连接杆固定螺母紧固至65 N·m，见图2-3-13。

标准力矩：65 N·m。

图2-3-13 紧固连接杆固定螺母

（13）根据维修手册使用扭力扳手将减振器下支座固定螺母紧固至90 N·m。

标准力矩：90 N·m。

（14）根据维修手册使用扭力扳手将减振器上支座固定螺母紧固至45 N·m。

标准力矩：45 N·m。

（15）将制动油管安装到减振器上，见图2-3-14。

图2-3-14 安装制动油管

拆卸下摆臂总成

图 2-3-15　取下挡泥板

2. 拆卸下摆臂总成

2.1　拆卸挡泥板

（1）选用合适的工具拆卸挡泥板固定卡扣。

（2）取下挡泥板，见图 2-3-15。

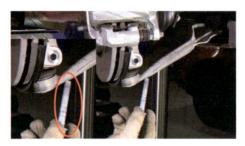

图 2-3-16　旋出固定螺栓

2.2　拆卸下摆臂

（1）选用合适的工具拆卸轮速传感器线束卡扣。

（2）选用棘轮扳手、13 mm 套筒和 13 mm 扳手配合拧松下摆臂球头与转向节连接的固定螺栓。

（3）旋出固定螺母取下固定螺栓，见图 2-3-16。

图 2-3-17　拧松与车架连接的固定螺栓

（4）选用合适的工具拧松下摆臂衬套与前车架连接的固定螺栓。

（5）继续用棘轮扳手、18 mm 套筒和 18 mm 扳手配合拧松下摆臂与前车架连接的固定螺栓，见图 2-3-17。

图 2-3-18　取下下摆臂总成

（6）旋出固定螺母取下固定螺栓。

（7）选用棘轮扳手、18 mm 套筒和 18 mm 扳手配合拧松下摆臂与后车架连接的 2 颗固定螺栓。

（8）旋出固定螺母，取下固定螺栓。

（9）将下摆臂与转向节分离。

（10）取下下摆臂总成，见图 2-3-18。

◇ 将下摆臂与转向节分离时，应小心操作，避免下摆臂滑落对人员造成伤害。

2.3 安装下摆臂总成

（1）安装下摆臂总成。

（2）将下摆臂安装到车架上，见图 2-3-19。

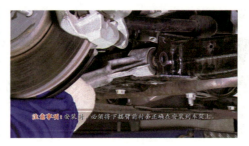

图 2-3-19　安装下摆臂总成

> **注意事项**
> ◇ 安装时，必须将下摆臂前衬套正确安装到车架上。
> ◇ 安装时，下摆臂应处于水平且没有受力的状态下，否则会影响下摆臂的使用寿命以及使用功效。

（3）安装下摆臂与前车架连接的固定螺栓并旋入固定螺母，见图 2-3-20。

（4）安装下摆臂与后车架连接的 2 颗固定螺栓并旋入固定螺母。

（5）选用棘轮扳手、18 mm 套筒和 18 mm 扳手配合预紧下摆臂与后车架连接的 2 颗固定螺栓。

图 2-3-20　旋入固定螺母

（6）选用棘轮扳手、18 mm 套筒和 18 mm 扳手配合预紧下摆臂与前车架连接的固定螺栓。

（7）将下摆臂球头与转向节连接。

（8）安装固定螺栓并旋入固定螺母，见图 2-3-21。

图 2-3-21　预紧固定螺母

（9）选用棘轮扳手、13 mm 套筒和 13 mm 扳手配合预紧下摆臂球头与转向节连接的固定螺栓，见图 2-3-22。

（10）根据维修手册使用扭力扳手将下摆臂与前车架连接的固定螺栓紧固至 70 N·m。

标准力矩：70 N·m。

图 2-3-22　预紧固定螺栓

图 2-3-23 用扭力扳手紧固固定螺栓

（11）根据维修手册使用扭力扳手将下摆臂与后车架连接的固定螺栓紧固至 70 N·m，见图 2-3-23。

标准力矩：70 N·m。

（12）根据维修手册使用扭力扳手将下摆臂球头与转向节连接的固定螺栓紧固至 30 N·m。

标准力矩：30 N·m。

图 2-3-24 安装挡泥板

（13）重新安装轮速传感器线束固定卡扣。

2.4 安装挡泥板

（1）将挡泥板安装到车上，见图 2-3-24。

（2）安装固定卡扣。

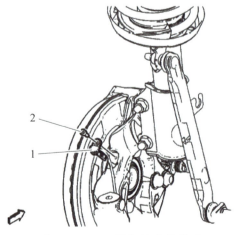

图 2-3-25 拆卸轮速传感器

3. 前轮轴承和轮毂的更换

3.1 拆卸程序

（1）举升和顶起车辆。

（2）拆下制动盘（参见"前制动盘的更换"）。

（3）拆下轮速传感器螺栓 2。

（4）将轮速传感器 1 从转向节上拆下，见图 2-3-25。

(5) 将车轮驱动轴从前轮轴承/轮毂上拆下(参见"前轮驱动轴更换—左侧(包括前轮中间驱动轴)"或"前轮驱动轴的更换—右侧(不包括前轮中间驱动轴)"),见图2-3-26。

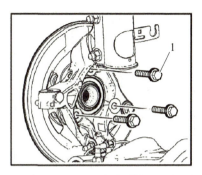

图2-3-26 拆卸车轮轴承螺栓

(6) 拆下并报废4个车轮轴承/轮毂螺栓1,见图2-3-27。

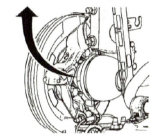

图2-3-27 拆卸车轮轴承螺栓

(7) 将前轮轴承/轮毂1和前制动器防溅罩2从转向节上拆下,见图2-3-28。

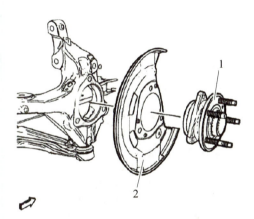

图2-3-28 拆卸前轮轴承

3.2 安装程序

(1) 将前制动器防溅罩2和前轮轴承/轮毂1总成置于转向节上,见图2-3-29。

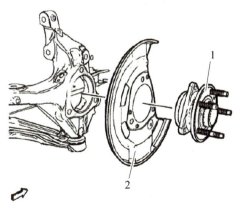

图2-3-29 安装前轮轴承总成

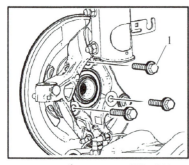

图 2-3-30 安装新的前轮轴承螺栓

（2）安装新的前轮轴承/轮毂螺栓 1，见图 2-3-30。

（3）分 3 次紧固轴承/轮毂螺栓 1。此操作可使用 EN-45059 角度测量仪表。

第 1 次：使用扭力扳手紧固至 90 N·m。

第 2 次：使用指针式扳手转动 60°。

第 3 次：再使用指针式扳手转动 15°。

（4）将车轮驱动轴安装至车轮轴承/轮毂上（参见"前轮驱动轴更换—左侧"、"前轮驱动轴的更换—右侧（包括前轮中间驱动轴）"或"前轮驱动轴的更换—右侧（不包括前轮中间驱动轴）"）。

（5）将轮速传感器 1 安装至转向节上。

（6）安装车轮转速传感器螺栓 2，并紧固至 6 N·m。

（7）安装制动盘（参见"前制动盘的更换"）。

（8）降下车辆。

4. 下控制臂和衬套的更换

4.1 拆卸程序

（1）举升和顶起车辆。拆下轮胎和车轮。

（2）将车轮转速传感器线束从控制臂和转向节上拆下。

（3）拆下并报废下球节至转向节的螺母和螺栓 1，见图 2-3-31。

（4）将下控制臂从转向节上分开。

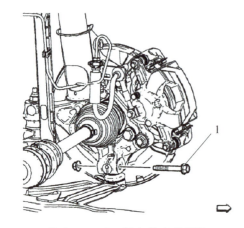

图 2-3-31 拆卸转向节螺栓

◇ 撬动时不能接触到球节密封件。

（5）拆下并报废前下控制臂螺母和螺栓1，见图2-3-32。

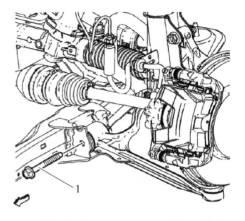

图2-3-32　拆卸前下控制臂螺栓

（6）拆下并报废后下控制臂衬套螺母和螺栓1，见图2-3-33。

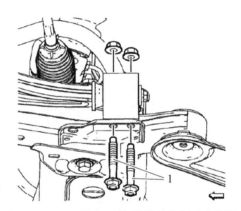

图2-3-33　拆卸下控制臂衬套螺母和螺栓

（7）将下控制臂1从前车架上拆下，见图2-3-34。

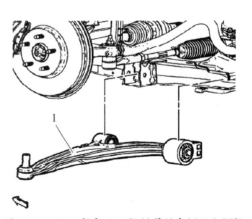

图2-3-34　拆卸后下控制臂衬套螺母和螺栓

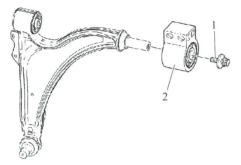

图 2-3-35 拆卸下控制臂衬套螺栓

（8）拆下控制臂衬套螺栓 1，从下控制臂上拆下衬套 1，见图 2-3-35。

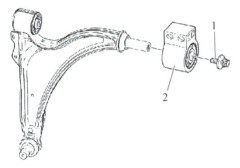

图 2-3-36 坚固衬套螺栓

4.2 安装程序

（1）分 3 次紧固衬套螺栓 1，见图 2-3-36。将衬套 2 装至下控制臂。此操作使用 EN-45059 角度测量仪表。

第 1 次：使用扭力扳手紧固至 55 N·m。

第 2 次：使用指针式扳手转动 45°。

第 3 次：再使用指针式扳手转动 60°。

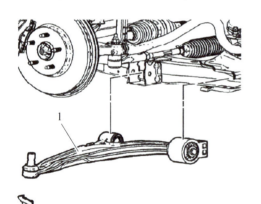

图 2-3-37 安装下控制臂

（2）将下控制臂 1 装于前车架上，见图 2-3-37。

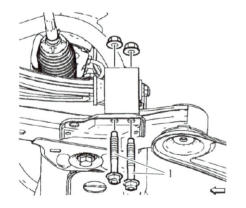

图 2-3-38 安装紧固新的后下控制臂衬套螺母和螺栓

（3）安装并紧固新的后下控制臂衬套螺母和螺栓 1，见图 2-3-38。

（4）安装并紧固新的前下控制臂螺母和螺栓1，见图2-3-39。

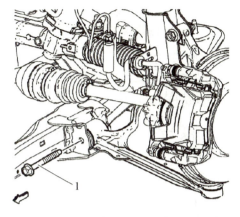

图2-3-39 安装紧固新的前下控制臂螺栓

（5）用液压千斤顶支撑下控制臂并将控制臂提升到中间位置。

（6）使用新的螺母将新的球节安装至转向节螺栓1，并紧固至30 N·m，见图2-3-40。再将螺母和螺栓1转60°～75°紧固。

（7）将后下控制臂螺栓和螺母紧固至70 N·m。再将螺栓和螺母转75°～90°紧固。

（8）将前下控制臂螺栓和螺母紧固至90 N·m。再将螺栓和螺母转75°～90°紧固。

（9）拆下千斤顶。

（10）安装轮胎和车轮。

（11）降下车辆。

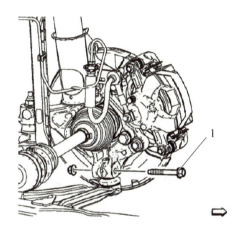

图2-3-40 安装转向节螺栓

5. 转向节的更换

5.1 拆卸程序

（1）举升和顶起车辆。

（2）拆下车轮轴承和轮毂总成。

（3）将外转向横拉杆接头从转向节上分离。

（4）将控制臂球头从转向节上分离，见图2-3-41。

（5）拆下转向节。

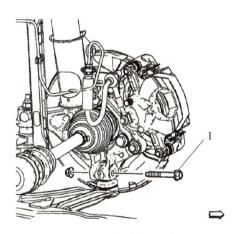

图2-3-41 拆卸控制臂球头

5.2 安装程序

（1）安装转向节 3，更换并安装新的转向节螺栓 2 和螺母 1，先紧固至 90 N·m，再将螺栓和螺母转 60°～70°紧固，见图 2-3-42。

（2）安装外转向横拉杆接头。

（3）安装车轮轴承和轮毂总成。

（4）降下车辆。

图 2-3-42 安装转向节螺栓

注意事项

◇ 切勿重复使用旧螺栓和螺母。

6. 滑柱总成的拆卸安装

6.1 拆卸程序

（1）举升和顶起车辆。

（2）拆下轮胎和车轮总成。

（3）将制动软管 1 从减振器上分离，见图 2-3-43。

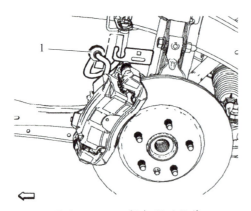

图 2-3-43 拆卸制动软管

（4）拆下并报废转向节螺母和螺栓 1，见图 2-3-44。

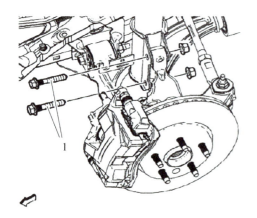

图 2-3-44 拆卸转向节螺母和螺栓

（5）将稳定杆连杆螺母1从前滑柱上拆下并报废，见图2-3-45。

（6）降下车辆。

（7）打开发动机舱盖。

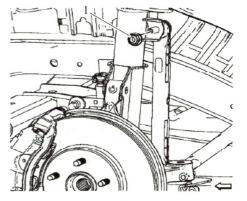

图2-3-45 拆卸稳定杆连杆螺母

（8）拆下滑柱支座罩2。

（9）拆下上滑柱支座螺母1，此操作可使用CH-49375扳手。

（10）拆下滑柱支座板3。

（11）将前滑柱从转向节上分离。

（12）将前滑柱总成从车辆上拆下，见图2-3-46。

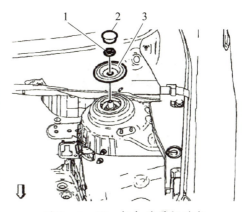

图2-3-46 拆卸前滑柱总成

6.2 安装程序

（1）安装前滑柱总成，见图2-3-47。

（2）安装滑柱支座板3。

（3）使用CH-49375扳手安装上滑柱支座螺母1，并紧固至45 N·m。

（4）安装滑柱支座罩2。

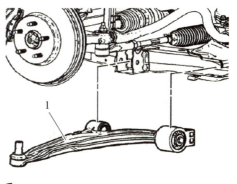

图2-3-47 安装前滑柱总成

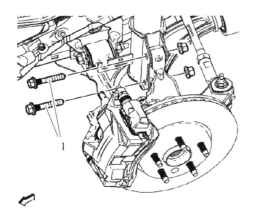

图 2-3-48 安装新的转向节螺母和螺栓

(5) 将前滑柱插入转向节。

(6) 安装新的转向节螺母和螺栓 1，先紧固至 90 N·m，再将螺母和螺栓转 60°～70°紧固，见图 2-3-48。此操作可使用 EN-45059 角度测量仪表。

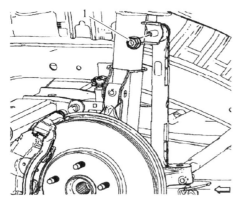

图 2-3-49 安装新的稳定杆连杆螺母

(7) 安装新的稳定杆连杆螺母 1，并紧固至 65 N·m，见图 2-3-49。

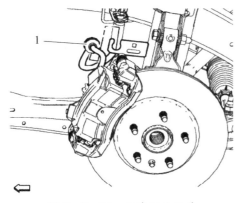

图 2-3-50 安装制动软管

(8) 将制动软管 1 安装至滑柱，见图 2-3-50。

(9) 安装前轮胎和车轮总成。

(10) 降下车辆。

(11) 检查车轮定位(参见"车轮定位规格")。

7. 滑柱、滑柱部件或弹簧的更换

7.1 拆解程序

(1) 拆下滑柱总成,见图 2-3-51。

(2) 将滑柱安装至 CH-6066 夹具 5。

(3) 张紧弹簧 4,使用 CH-6068 张紧器 1 将弹簧张力从上滑柱支座上卸去。

(4) 拆下滑柱螺母 2。

(5) 拆下滑柱支座隔振垫圈 3。

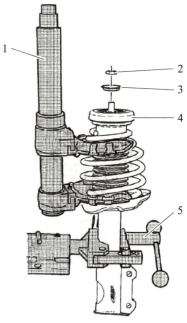

图 2-3-51 拆卸滑柱总成

(6) 拆下滑柱支座隔振垫总成 2,见图 2-3-52。检查是否损坏,必要时进行更换。

(7) 拆下滑柱支座轴承总成 3。检查是否损坏,必要时进行更换。

(8) 拆下减振垫 4。检查是否损坏,必要时进行更换。

(9) 拆下隔振垫 5。检查是否损坏,必要时进行更换。

(10) 使用 CH-6068 张紧器 1 拆下弹簧 6。

(11) 卸去弹簧张力,此操作可使用 CH-6068 张紧器。检查是否损坏,必要时进行更换。

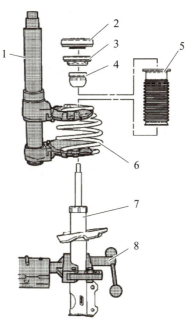

图 2-3-52 拆卸滑柱支座

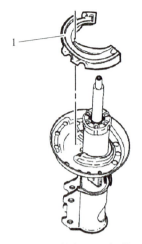

图 2-3-53 拆卸下隔振垫

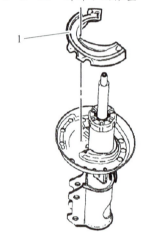

图 2-3-54 安装下隔振垫

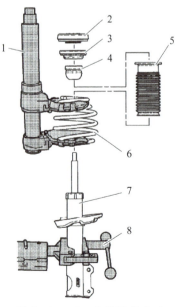

图 2-3-55 安装滑柱支座

(12) 将滑柱 7 从 CH-6066 夹具 8 上拆下。

(13) 拆下下隔振垫 1,见图 2-3-53。检查是否损坏,必要时进行更换。

7.2 装配程序

(1) 安装下隔振垫 1,见图 2-3-54。

(2) 将滑柱 7 安装至 CH-6066 夹具 8 上。

(3) 将弹簧 6 安装至 CH-6068 张紧器 1,压缩弹簧使之释放弹簧张力。

(4) 将弹簧 6 安装至滑柱 7。

(5) 将隔振垫 5 安装至滑柱 7。

(6) 将减振垫 4 安装至滑柱 7。

(7) 将滑柱支座轴承 3 安装至滑柱 7,见图 2-3-55。

(8) 将支座隔振垫总成 2 安装至滑柱 7。

(9) 安装滑柱支座隔振垫圈 3。

(10) 将滑柱螺母 2 安装至滑柱轴,并紧固至 70 N·m。

(11) 从弹簧 4 上拆下 CH-6068 张紧器 1。

(12) 将前滑柱从 CH-6066 夹具 5 上拆下。

(13) 安装滑柱总成,见图 2-3-56。

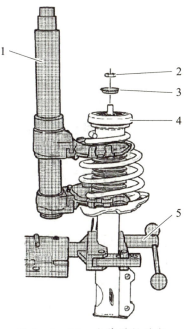

图 2-3-56 安装滑柱总成

 任务小结

1. 悬架的作用和分类

悬架的作用是把路面作用于车轮上的各种力及其产生的力矩传递到车架(或承载式车身)上,吸收和缓和行驶中因路面不平引起的车轮跳动而传给车架的冲击和振动。根据汽车两侧车轮运动是否相互关联,汽车悬架分为非独立悬架和独立悬架两大类。独立悬架中多采用螺旋弹簧和扭杆弹簧作为弹性元件。典型独立悬架是麦弗逊式悬架。

2. 麦弗逊式悬架

(1) 麦弗逊式悬架突出的优点是增大了两侧前轮内侧的空间,便于发动机和其他部件的布置。

(2) 麦弗逊式悬架的减振器和螺旋弹簧组成弹性支柱,上端通过悬架座与车身挠性连接,下端通过螺栓与转向节刚性相连。当车轮上下跳动时,转向节沿减振器活塞杆轴线(主销轴线)上下移动,还可随横摆臂摆动。

拆卸独立悬架

安装独立悬架

# 任务评价

（一）课堂练习

1. 判断题

（1）所有汽车的悬架组成都包含有弹性元件。（　　）

（2）一般客运汽车未专门设置导向机构。（　　）

（3）采用非独立悬架的车桥一定是整体式车桥。（　　）

2. 单选题

（1）科鲁兹轿车的前、后弹性元件采用的形式是（　　）。

  A. 螺旋弹簧、钢板弹簧　　　　　B. 钢板弹簧、钢板弹簧

  C. 螺旋弹簧、螺旋弹簧　　　　　D. 钢板弹簧、螺旋弹簧

（2）汽车用减振器广泛采用的是（　　）。

  A. 单向作用筒式　　　　　　　　B. 双向作用筒式

  C. 摆臂式　　　　　　　　　　　D. 阻力可调式

（二）技能评价

表 2-3-2　技能评价表

序号	内　　容	分值	得分
1	稳定杆的更换	10	
2	稳定杆连接杆的更换	10	
3	稳定杆隔振垫的更换	10	
4	前轮轴承和轮毂的更换	10	
5	转向节的更换	5	
6	下控制臂的更换	5	
7	前下控制臂衬套的更换	10	
8	滑柱总成的更换	10	
9	滑柱、滑柱部件或弹簧的更换	10	
10	按照规范流程进行拆装作业	10	
11	完成"6S"作业	10	
	总分	100	

（注：操作规范即得分，操作错误或未进行操作即 0 分）

学习任务 4　非独立(后)悬架拆装

任务目标

任务目标
◎ 用自己的语言描述非独立悬架的结构特点。
◎ 完整列出书上三种类型的非独立悬架各自的组成。
◎ 在 30 min 内完成对非独立(后)悬架的拆装。

学习重点
◎ 非独立(后)悬架的拆装的主要内容及方法。

知识准备

轿车后悬架一般为非独立悬架,加装有导向装置与减振器。

非独立悬架的结构特点是两侧车轮安装在一根整体式车桥上,车轮连同车桥一起通过弹性元件与车架(或车身)相连。当一侧车轮因路面不平等原因相对于车架(车身)位置发生变化时,另一侧车轮的位置也随之发生变化。但由于非独立悬架结构简单、制造方便,所以在载货汽车上被广泛应用。

1. 钢板弹簧非独立悬架

钢板弹簧在车上通常是纵向布置的,前钢板弹簧中部用 2 个 U 形螺栓固定在前桥上。为了加速振动的衰减,改善驾驶员的乘坐舒适性,在货车的前悬架中一般都装有减振器,而货车后悬架则不一定装减振器。钢板弹簧非独立悬架结构如图 2-4-1 所示。

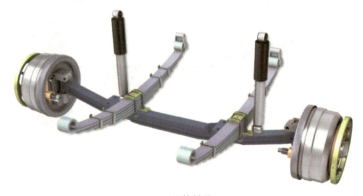

(a) 整体结构

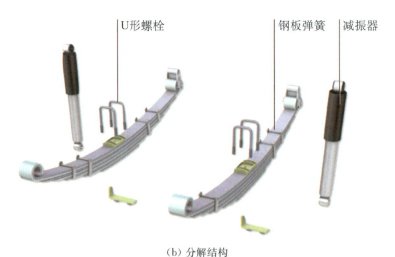

(b)分解结构

图 2-4-1 钢板弹簧非独立悬架

2. 螺旋弹簧非独立悬架

螺旋弹簧非独立悬架一般只用于轿车的后悬架。其纵、横向推力杆是悬架的导向机构，用来承受和传递车轴和车身之间的纵向和横向作用力及其力矩，如图 2-4-2 所示。

3. 空气弹簧非独立悬架

空气弹簧非独立悬架的结构如图 2-4-3 所示，这种悬架也装有减振器。采用空气弹簧悬架时，容易实现车身高度的自动调节。在装有空气压缩机的汽车上，一般用随载荷的不同而改变空气弹簧内的空气压力的方法来达到这个目的。

(a)总体结构

(b) 结构组成

图 2-4-2 非独立(后)悬架

图 2-4-3 空气弹簧非独立悬架结构

任务实施

（一）实施方案

1. 质量要求

参照2013款1.6 L自动挡科鲁兹轿车厂家的质量标准要求。

2. 组织方式

每四位同学一组，能够规范使用非独立悬架拆装工具，按照企业岗位操作规范对非独立（后）悬架进行拆装作业。每组作业时间为30 min。

3. 作业准备

（1）技术要求与标准见表2-4-1。

表2-4-1 技术要求与标准

检测内容	规定状态
鼓式制动器螺栓	7 N·m
车轮轴承/轮毂总成安装螺栓	50 N·m + 40°
平衡梁连杆螺栓	160 N·m
平衡梁支撑螺栓	100 N·m
平衡梁连杆螺栓和螺母	40 N·m + 45°
平衡梁中心连杆螺栓和螺母	40 N·m + 45°～60°
后悬架纵梁螺母	70 N·m + 120°
减振器上螺栓	100 N·m
减振器下螺栓	150 N·m + 60°
前排气管至排气消声器法兰螺栓	17 N·m
轮速传感器安装螺栓	6 N·m
平衡梁支撑螺栓	100 N·m
平衡梁连杆螺栓和螺母	40 N·m + 45°

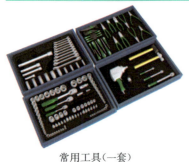

常用工具(一套)

图2-4-4 设备器材

（2）设备器材如图2-4-4所示。

（3）场地设施：有消防设施的场地。

（4）设备设施：2013款1.6 L自动挡科鲁兹轿车一辆、科鲁兹轿车相关专用工具、工具车、零件车、标保工具车、垃圾桶等。

（5）耗材：干净抹布、清洁剂等。

（二）操作步骤

1. 后轮轴承和轮毂的更换（鼓式制动器）

1.1 拆卸程序

（1）举升并妥善支撑车辆。

（2）拆下轮胎和车轮总成。

（3）拆下制动鼓螺栓 1，拆下制动鼓 2，见图 2-4-5。

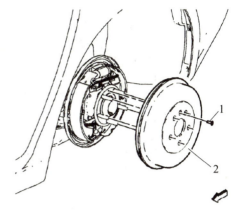

图 2-4-5 拆卸制动鼓螺栓

（4）将孔塞从底板中的鼓式制动器执行器检修孔上拆下。使用检修孔，安装粗钢丝 1 以支撑制动器底板，见图 2-4-6。

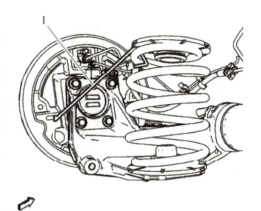

图 2-4-6 安装支撑制动器底板的钢丝

（5）拆下轮速传感器螺栓 1，见图 2-4-7，取下轮速传感器 2。

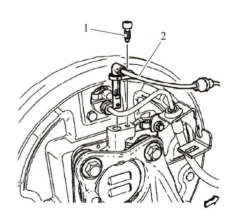

图 2-4-7 拆卸转速传感器

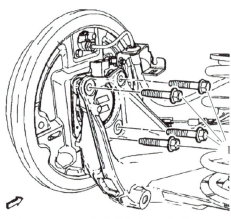

图 2-4-8 拆卸车轮轴承/轮毂螺栓

（6）拆下并报废车轮轴承/轮毂安装螺栓 1，见图 2-4-8。

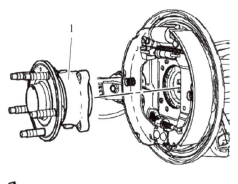

图 2-4-9 拆卸车轮轴承/轮毂总成

（7）将车轮轴承/轮毂总成 1 从后桥总成和制动器底板上拆下，见图 2-4-9。

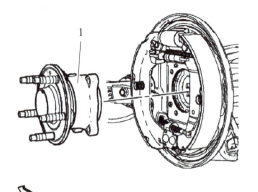

图 2-4-10 安装车轮轴承/轮毂总成

1.2 安装程序

（1）将车轮轴承/轮毂总成 1 安装至制动器底板和后桥总成，见图 2-4-10。

(2) 使用 EN45059 组件安装新的车轮轴承/轮毂支座螺栓1,见图2-4-11,并紧固至 50 N·m+40°。以交叉方式均匀地紧固螺栓。

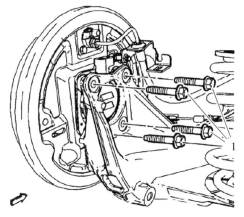

图 2-4-11　安装新的车轮轴承/轮毂支座螺栓

(3) 安装轮速传感器2,见图2-4-12。安装车轮转速传感器螺栓1,并紧固至 6 N·m。

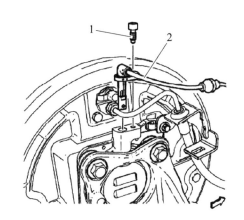

图 2-4-12　安装轮速传感器

(4) 拆下支撑制动器底板的钢丝1,见图2-4-13。

(5) 将孔塞安装至底板中的鼓式制动器执行器检修孔。

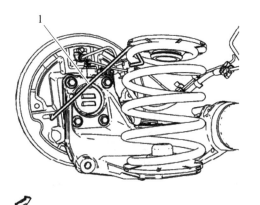

图 2-4-13　拆卸支撑制动器底板的钢丝

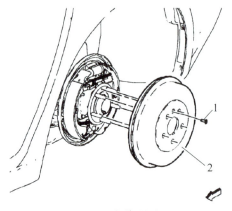

图 2-4-14 安装制动鼓螺栓

（6）安装制动鼓，见图 2-4-14。紧固鼓式制动器螺栓 1 至 7 N·m。

（7）安装轮胎和车轮总成。

（8）拆下支座并降下车辆。

2. 平衡梁支架的更换

2.1 拆卸程序

（1）举升和顶起车辆。

（2）拆下轮胎和车轮总成。

（3）从车架上拆下驻车制动器拉索。

（4）拆下并报废排气管至后排气消声器螺母 2、3。

（5）从法兰上拆下后排气管 1，报废法兰衬垫。

（6）从悬架 1、2、3 连接点处松开后排气消声器。

 注意事项

◇ 可能会有额外的连接点，这取决于车辆的动力系统。

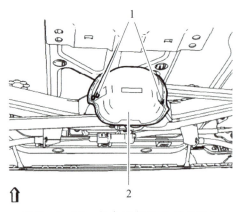

图 2-4-15 拆卸连杆隔热罩的铆钉

（7）如需要，降低并支撑排气管。

（8）从平衡梁中间连杆隔热罩 2 上拆下 3 个铆钉 1，见图 2-4-15。

(9) 从后桥2上拆下(左、右)平衡梁连杆螺栓1,见图2-4-16。

图2-4-16 拆卸后桥平衡梁连杆螺栓

(10) 从平衡梁连杆2上拆下(左、右)平衡梁连杆螺栓和螺母1,见图2-4-17,并将其报废。

(11) 从车辆上拆下(左、右)平衡梁连杆。

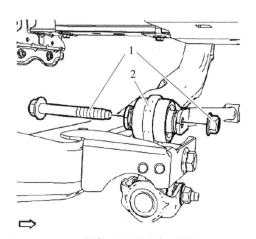

图2-4-17 拆卸平衡梁连杆螺栓和螺母

(12) 向下按压后消声器,从平衡梁中间连杆2上拆下并报废平衡梁中间连杆螺栓和螺母1,见图2-4-18。

(13) 从车辆上拆下平衡梁中间连杆2。

提示:记住正确的安装位置。

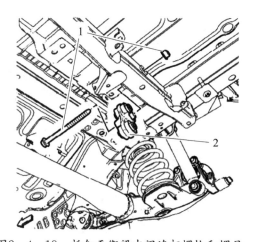

图2-4-18 拆卸平衡梁中间连杆螺栓和螺母

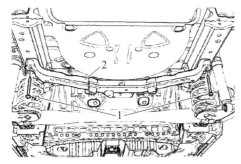

图 2-4-19 拆卸平衡梁支架

（14）拆下平衡梁支架螺栓 1，从车辆上拆下平衡梁支架 2，见图 2-4-19。

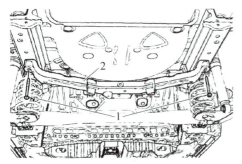

图 2-4-20 安装平衡梁支架

2.2 安装程序

（1）用平衡梁支架螺栓 1 将平衡梁支架 2 安装到车辆上，见图 2-4-20，支架螺栓 1 的拧紧力矩为 100 N·m。

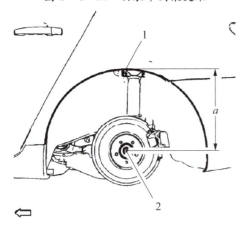

图 2-4-21 测量轮毂中间和轮口顶端的垂直距离

（2）不断测量轮毂 2 中间和轮口 1 顶端的垂直距离，见图 2-4-21，使用升降台将车桥提升到合适的车身翘头高度。

规格尺寸 a：385 mm(15.16 in)。

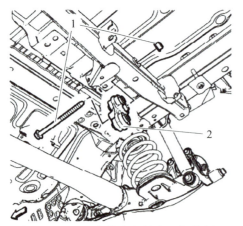

图 2-4-22 安装平衡梁中间螺栓螺母

（3）向下按压后消声器，安装新的平衡梁中间连杆螺栓和螺母 1，见图 2-4-22，将平衡梁中间连杆 2 安装到平衡梁支架上，先紧固至 70 N·m，再转 120°～135°紧固，此操作可使用 EN-45059 角度测量仪表。

（4）使用新的平衡梁连杆螺栓和螺母1,安装(左、右)平衡梁连杆2至平衡梁中间连杆,见图2-4-23,并紧固至40 N·m,再转60°紧固,此操作可使用EN-45059角度测量仪表。

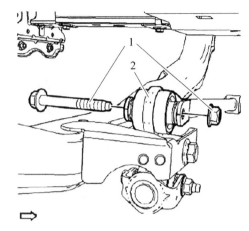

图2-4-23 安装平衡梁连杆至平衡梁中间连杆

（5）使用新的平衡梁连杆螺栓1将(左、右)平衡梁连杆安装至后桥2,并紧固至160 N·m,见图2-4-24。

图2-4-24 安装平衡梁连杆至后桥

（6）在平衡梁中间连杆隔热罩2上安装3个铆钉1,见图2-4-25。

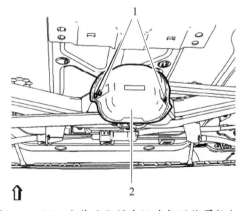

图2-4-25 安装平衡梁中间连杆隔热罩铆钉

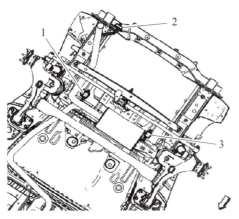

图 2-4-26 安装后排气消声器

（7）将后排气消声器安装至悬架 1、2、3 连接点处，见图 2-4-26。

> **注意事项**
> ◇ 可能会有额外的连接点，这取决于车辆的动力系统。

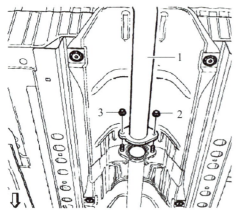

图 2-4-27 安装新的前排气管螺栓

（8）安装新的法兰衬垫。
（9）将后排气管 1 安装至法兰。
（10）安装新的前排气管至后排气消声器螺母 2、3，并紧固至 17 N·m，见图 2-4-27。
（11）在车架上安装驻车制动器拉索。
（12）安装轮胎和车轮总成。
（13）降下车辆。

3. 后桥的更换（瓦特杆系）

3.1 拆卸程序

（1）举升并妥善支撑车辆。
（2）拆下轮胎和车轮总成。
（3）拆下后制动钳托架上的两个制动软管螺栓 1，见图 2-4-28。

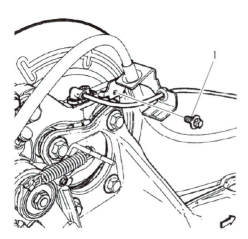

图 2-4-28 拆卸后制动钳托架的制动软管螺栓

（4）将后驻车制动器拉索托架螺栓 2 从后桥上拆下，见图 2-4-29。

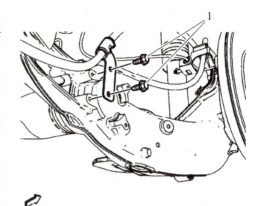

图 2-4-29 拆卸后驻车制动器拉线托架螺栓

（5）拆下并报废车轮轴承/轮毂安装螺栓 1，见图 2-4-30。

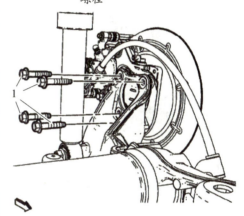

图 2-4-30 拆卸车轮轴承/轮毂安装螺栓

（6）保持液压挠性制动软管的连接，向上拆下车轮轴承/轮毂和制动器总成 2，见图 2-4-31，并用结实的金属线 1 或同等工具固定车轮轴承/轮毂和制动器总成。

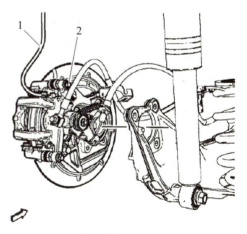

图 2-4-31 拆卸车轮轴承/轮毂和制动器总成

◇ 无论制动钳已从其支座上分离，还是仍连接着液压挠性制动软管，都要用粗钢丝或同等工具支撑住制动钳。

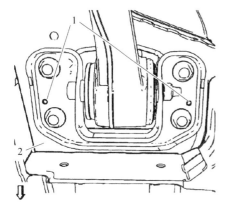

图 2-4-32　后桥托架钻导销孔位置

（7）使用 6 mm 钻头，在右侧后桥托架上钻透两个孔 1，并钻入车底。左侧后桥托架重复这一步骤，见图 2-4-32。这些孔 1 用于导引销正确地将后桥托架与车底 2 对齐。

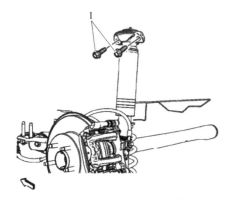

图 2-4-33　拆卸上减振器螺栓

（8）用液压升降台支撑后桥。

（9）在靠近减振器的位置，用千斤顶支撑后桥，拆下上减振器螺栓 1，见图 2-4-33。

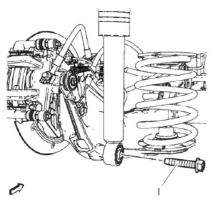

图 2-4-34　拆卸下减振器螺栓

（10）拆下并报废下减振器螺栓 1，见图 2-4-34。

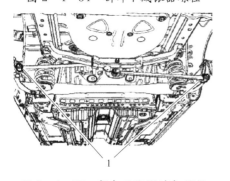

图 2-4-35　拆卸平衡梁连杆螺栓

（11）拆下并报废平衡梁连杆螺栓 1（装备如图 2-4-35 所示）。

（12）缓缓降低千斤顶，降下后桥以便卸去后弹簧张力，拆下弹簧1，见图2-4-36。

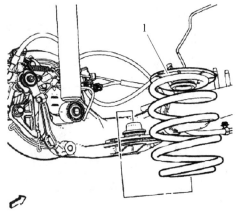

图2-4-36 拆卸弹簧

（13）下弹簧座保留在车桥上时，将上弹簧座/防振垫块1从弹簧上拆下，见图2-4-37。

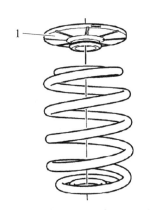

图2-4-37 拆卸上弹簧座/防震垫块

（14）从右侧和左侧后桥托架上拆下并报废8个后桥托架螺栓1，见图2-4-38。

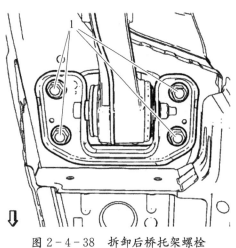

图2-4-38 拆卸后桥托架螺栓

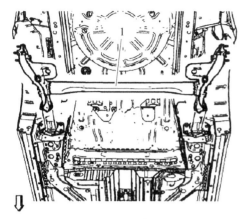

图 2-4-39 降下后桥

(15)继续降低千斤顶将后桥 1 从车辆上降下,见图 2-4-39。

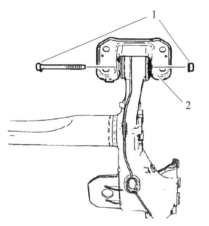

图 2-4-40 拆卸后桥衬套螺栓和螺母

(16)从后桥 2 上拆下并报废后桥衬套螺栓和螺母 1,见图 2-4-40。

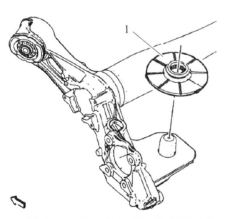

图 2-4-41 拆卸后弹簧座隔振垫

(17)将后螺旋弹簧下弹簧座隔振垫 1 从车桥上拆下,见图 2-4-41。

(18)降下后桥,将后桥放在工作台上。

（19）用标记笔将后桥衬套 2 的安装位置 1 标记到后桥上，见图 2-4-42。

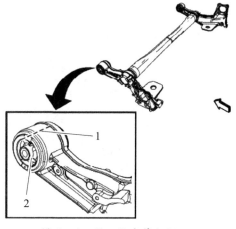

图 2-4-42　做安装标记

（20）用 10 mm 的钻头钻 8 次，将橡胶 1 衬套钻穿，见图 2-4-43。

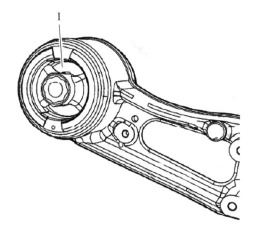

图 2-4-43　橡胶衬套钻孔

（21）用线锯在后桥衬套中小心地锯出一个圆形衬套芯 1，见图 2-4-44。将线锯插入最低的钻孔 2。

（22）将衬套芯从衬套中拆下。

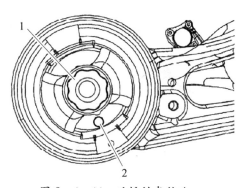

图 2-4-44　后桥衬套钻孔

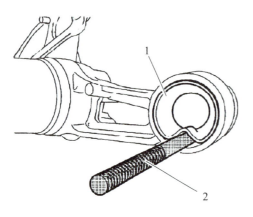

图 2-4-45 拆卸衬套

(23) 使用 CH-48377-1 凿子 2 和锤子拆下衬套 1,见图 2-4-45。

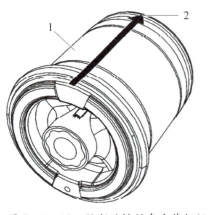

图 2-4-46 做新后桥衬套安装标记

3.2 安装程序

(1) 在新后桥衬套 1 的安装位置 2 做上标记,见图 2-4-46。

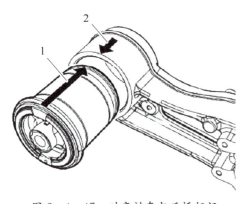

图 2-4-47 对齐衬套与后桥标记

(2) 将衬套标记 1 与后桥标记 2 对齐,见图 2-4-47。

（3）将CH-6615-10液压缸1、CH-49459适配器2、新的后桥衬套3、CH-906-42适配器4安装到后桥衬套和后桥上,见图2-4-48;安装并紧固计数器螺母5至芯轴上,芯轴属CH-6615-10液压缸1;将CH-6616液压泵的压力软管6连接至CH-6615-10液压缸上。

（4）小心地将后桥衬套1按入后桥,此操作可使用CH-6616液压泵。

（5）当CH-6615-10液压缸的升程到达停止位时,释放CH-6616泵上的压力,重新紧固计数器螺母5并将后桥衬套按入后桥直至到达最终安装位置。拆下所有的专用工具。

（6）将后螺旋弹簧下弹簧座隔振垫1安装至车桥,见图2-4-49。

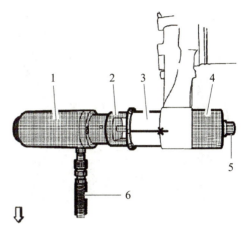

图2-4-48 安装适配器

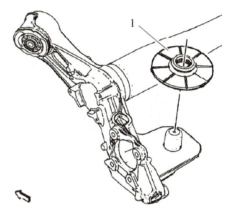

图2-4-49 安装后弹簧座隔振垫

（7）将新的后桥衬套螺栓和螺母1松松地安装至后桥2,见图2-4-50。

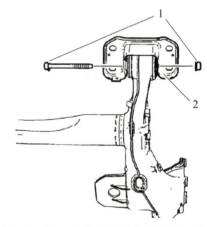

图2-4-50 安装后桥衬套螺栓和螺母

◇ 车桥衬套螺栓1和螺母必须在调平高度正确时与车桥一起紧固。

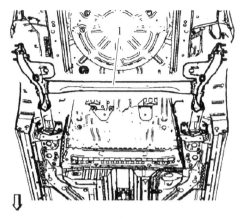

图 2-4-51 举升车辆

（8）将车桥 1 举升到位，见图 2-4-51。

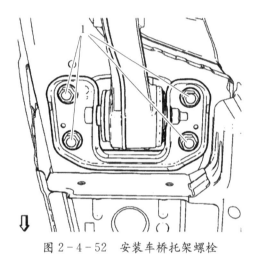

图 2-4-52 安装车桥托架螺栓

（9）将新的车桥托架螺栓 1 松松地安装至右侧和左侧后桥托架，见图 2-4-52。

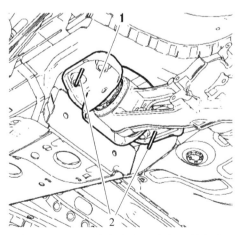

图 2-4-53 对齐右侧和左侧后桥托架

（10）对于车底和后桥托架内的导销孔进行防锈处理。

（11）使用 6 mm 的钻头作为导引销 2，将右侧和左侧后桥托架与 1 对齐，见图 2-4-53。

(12) 将车桥托架螺栓1紧固至90 N·m，再将螺栓拧45°紧固，见图2-4-54，操作可使用EH-45059角度测量仪表。

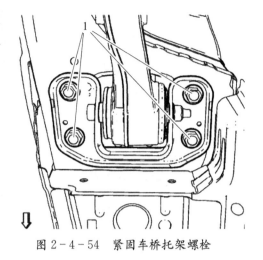

图2-4-54 紧固车桥托架螺栓

(13) 不断测量轮毂2中间和轮口1顶端的垂直距离，见图2-4-55，使用升降台将车桥提升到合适的车身翘头高度。车身翘头高度规格尺寸a：385 mm。

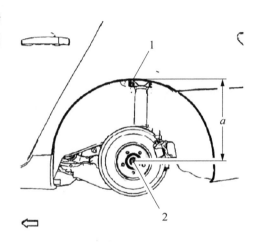

图2-4-55 测量轮毂中间和轮口顶端的垂直距离

(14) 紧固车桥衬套贯穿螺栓1和螺母至70 N·m，再将车桥衬套贯穿螺栓和螺母拧120°紧固，见图2-4-56，此操作可使用EH-45059角度测量仪表。

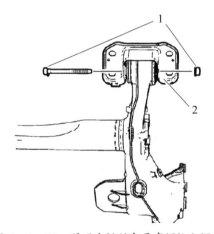

图2-4-56 紧固车桥衬套贯穿螺栓和螺母

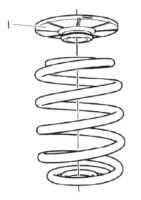

图 2-4-57 安装上弹簧座/防振垫块

（15）将上弹簧座/防振垫块 1 安装到弹簧上，见图 2-4-57。

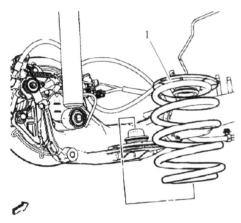

图 2-4-58 安装弹簧

（16）安装弹簧 1 并确保下螺旋弹簧就位于下弹簧座，见图 2-4-58。

（17）使用千斤顶，举升后桥以压缩后弹簧。

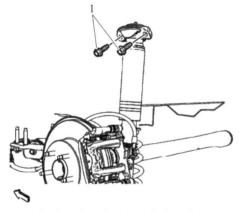

图 2-4-59 安装新的上减振器螺栓

（18）将减振器放置于车辆上。安装新的上减振器螺栓 1，并紧固至 100 N·m，见图 2-4-59。

(19) 安装新的下减振器螺栓 1,并紧固至 150 N·m,再将螺栓和螺母拧 60°紧固,见图 2-4-60。

(20) 拆下千斤顶。

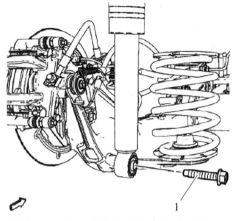

图 2-4-60 安装新的下减振器螺栓

(21) 安装平衡梁连杆螺栓 1 并紧固至 160 N·m (装备如图 2-4-61 所示)。

(22) 从后桥上拆下液压升降台。

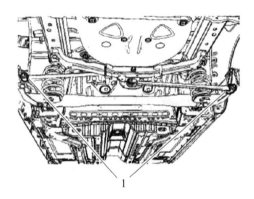

图 2-4-61 安装平衡梁连杆螺栓

(23) 安装车轮轴承/轮毂和制动系统总成。

(24) 安装新的车轮轴承/轮毂支座螺栓 1,并紧固至 50 N·m,见图 2-4-62。

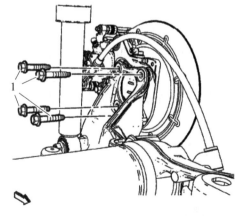

图 2-4-62 安装新的车轮轴承/轮毂支座螺栓

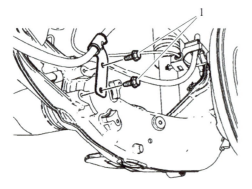

（25）将后驻车制动器拉索托架螺栓1安装至后桥，并紧固至10 N·m，见图2-4-63。

图2-4-63　安装后驻车制动器拉线托架螺栓

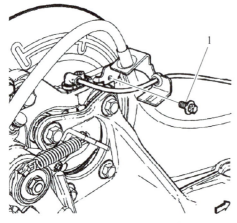

（26）将制动软管连接至后制动钳托架的两个制动软管螺栓1，并紧固，见图2-4-64。

（27）安装轮胎和车轮总成。参见"轮胎和车轮的拆卸与安装"。

（28）拆下支座并降下车辆。

图2-4-64　安装制动软管螺栓

任务小结

1. 非独立悬架的结构特点是两侧车轮安装在一根整体式车桥上，车轮连同车桥一起通过弹性元件与车架（或车身）相连，车身的相对稳定性较差。

2. 非独立悬架因其结构简单、工作可靠，被广泛应用于载货汽车的前、后桥上。而在轿车和小客车中，非独立悬架通常仅用于后桥上。

3. 非独立悬架的结构，特别是导向机构的结构，随所采用的弹性元件不同而有较大差异。轿车和小客车中，非独立悬架通常采用螺旋弹簧，所以必须要安装横向和纵向拉杆。而大型车采用的钢板弹簧本身兼起导向机构的作用，因此可以不安装导向拉杆。

任务评价

（一）课堂练习

1. 判断题

（1）车架主要承受拉、压应力。（　　）

(2) 汽车在使用中,一般只调整前轮定位中的前束。(　　)

(3) 越野汽车的前、后车桥通常都是驱动桥。(　　)

2. 单选题

(1) 汽车的装配体是(　　)。

　　A. 车架　　　　B. 发动机　　　　C. 车身　　　　D. 车轮

(2) 科鲁兹汽车的后悬架属于(　　)。

　　A. 独立悬架　　B. 非独立悬架　　C. 复合式悬架　　D. 支承式悬架

(二) 技能评价

表 2-4-2　技能评价表

序号	内容	分值	得分
1	后轮轴承和轮毂的更换	10	
2	平衡梁连杆的更换	10	
3	平衡梁中间连杆的更换	10	
4	平衡梁支架的更换	10	
5	减振器的更换	5	
6	后弹簧隔振垫与后弹簧的更换	5	
7	拆装后排气管安装法兰及法兰衬垫	10	
8	后桥衬套的更换	10	
9	后桥的更换	10	
10	按照规范流程进行拆装作业	10	
11	完成"6S"作业	10	
	总分	100	

(注:操作规范即得分,操作错误或未进行操作即 0 分)

学习拓展

1. 车架

汽车车架俗称"大梁"。用以安装汽车的发动机,变速器,传动轴,前、后桥和车身等总成和部件,使各总成保持正确的相对位置,并承受汽车内外的各种载荷。

因此,要求车架具有足够的强度和合适的刚度,要求它具有结构简单、质量小等特点,同时还应尽可能降低汽车质心和获得较大的前轮转向角,以保证汽车行驶的稳定性和转向灵活性。

现代汽车大多数都装有独立的车架。目前,汽车车架的结构形式有四种,即边梁式、中梁式、综合式和铰接式。此外,现代轿车和部分客车为了减小质量,取消了车架,制成了能够承受各种载荷的承载式车身,即无梁式车身,以车身兼代车架,如图2-5-1所示。

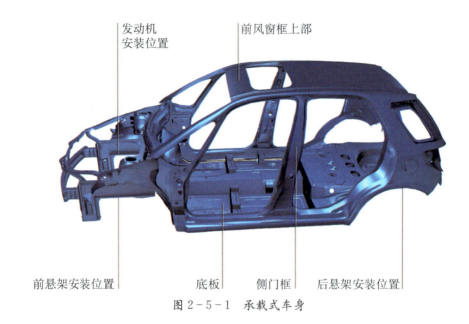

图2-5-1 承载式车身

2. 车桥

车桥通过悬架与车架(或承载式车身)相连,车桥两端安装车轮。车桥传递车架和车轮之间的各个方向的作用力,并承受这些力所形成的弯矩和扭矩。

按悬架的结构形式不同,车桥可分为断开式和非断开式两种,如图2-5-2所示。通常断开式车桥配用独立悬架,非断开式车桥配用非独立悬架。

按车桥上车轮的作用不同,车桥又可分为转向桥、驱动桥、转向驱动桥和支持桥四种类型,如图2-5-3所示。

(a) 整体式

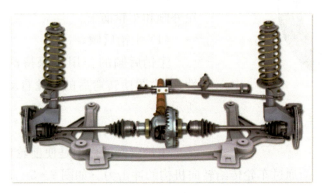

(b) 断开式

图 2-5-2 按悬架结构形式不同分类的车桥类型

(a) 驱动桥

(b) 转向桥

(c) 转向驱动桥

(d) 支持桥

图 2-5-3 按车桥上车轮的作用不同分类的车桥类型

图 2-5-4 主销后倾

3. 车轮定位

为了保持汽车直线行驶的稳定性、转向的轻便性和减少轮胎与机件的磨损,转向车轮、转向节和前轴三者与车架安装时保持一定的相对位置或要求,这种具有一定相对位置的安装称为转向轮定位,也称前轮定位。

前轮定位的内容包括:主销后倾、主销内倾、车轮外倾和车轮前束。

(1) 主销后倾。

主销后倾的作用是保持汽车直线行驶的稳定性,并力图使转弯后的前轮自动回正,如图 2-5-4 所示。

(2) 主销内倾。

主销内倾的作用是使前轮自动回正,转向轻便,并减小汽车行驶时路面通过车轮传给转向机构的冲击力。如图 2-5-5 所示。

图 2-5-5 主销内倾

(3) 车轮外倾。

车轮外倾的作用在于提高了前轮工作的安全性和转向操纵轻便性。前轮设置外倾角后,地面对前轮的反作用力沿前轮旋转轴线的分力将前轮压向转向节内侧,可防止汽车行驶中前轮向外脱出,同时地面反力的作用线更接近于转向节轴的根部,可以减小转向力,使转向操纵轻便灵活,如图 2-5-6 所示。

(4) 车轮前束。

车轮前束的作用消除或减小汽车行驶过程中因车轮外倾而使两车轮前端向外张开的不利影响,如图 2-5-7 所示。

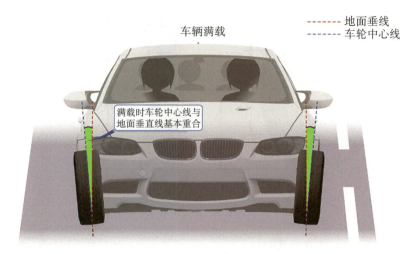

图 2-5-6 车轮外倾

图 2-5-7 车轮前束

4. 轮胎规格表示方法

轮胎规格的表示方法有米制和英制两类,目前大多数国家,包括我国均采用米制和英制混合使用,欧洲国家则常用米制。充气轮胎的尺寸标注如图 2-5-8 所示。

轮胎规格的表示方法:

(1) 高压胎($D \times B$)。D 为轮胎名义直径(轮胎外径),B 为轮胎断面宽度,单位均为 in。"×"表示高压胎。

(2) 低压胎($B-d$)。B 为轮胎断面宽度,d 为轮辋直径,单位为 in。"−"表示低压胎。超低压胎表示方法与低压胎相同。

我国国家标准规定:在外胎两侧标有轮胎规格、制造商标、层级(PR)、最大负荷和相应气压、编号和平衡标志、帘线材料,如 M(棉花帘线)、R(人造丝帘线)、N(尼龙帘线)、G(钢丝

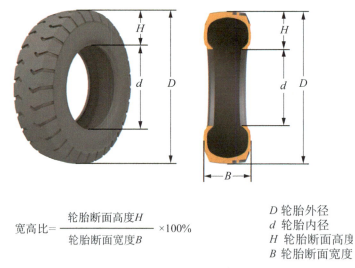

$$宽高比 = \frac{轮胎断面高度 H}{轮胎断面宽度 B} \times 100\%$$

D 轮胎外径
d 轮胎内径
H 轮胎断面高度
B 轮胎断面宽度

图 2-5-8 轮胎尺寸标注

帘线)等。这些字母均写在轮胎尺寸标记的后面,如 9.00—20 N。

轮胎规格表示有些已按国际上通常采用的轮胎代码表示方法,就是以高宽比(H/B)作为轮胎分类基础,称为扁平率。

子午线轮胎规格的表示方法是把标志子午胎的"R"置于断面宽与轮辋直径之间。

如:上海桑塔纳轿车轮胎规格 185/60R13,其含义从左到右为:轮胎宽度 185 mm,扁平率为 60%,子午线轮胎,轮辋直径为 13 in(330 mm)。

项目三 转向系统构造与拆装

项目导入

汽车上用来改变行驶方向的机构称为转向系统。转向系统不仅使其按驾驶人规定的方向行驶,而且还可以克服由于路面侧向干扰力使车轮产生的转向作用,恢复汽车的行驶方向。

本项目主要通过对转向系统主要机件的拆装作业,认识以及理解主要机件的结构、相互连接关系以及其工作原理。

学习目标

素养目标
- 了解安全操作要求,养成安全文明操作的习惯。
- 养成组员之间互相协作的习惯。
- 实施操作结束后,清洁工具,并将工具设备归位,清洁场地。

技能目标
- 根据标准工艺流程对转向系统进行拆装。

知识目标
- 简要概述转向系统主要总成的结构特点和工作过程。
- 准确叙述转向系统拆装的主要内容及其方法。

学习任务

学习任务 1
◇ 转向系统的认识

学习任务 2
◇ 动力转向器拆装

学习任务 3
◇ 动力转向辅助电动机拆装

学习任务 4
◇ 转向盘和转向柱拆装

学习任务 1　转向系统的认识

任务目标

任务目标
- 简要概括转向系统的作用。
- 说出机械转向系统和动力转向系统的组成。
- 在 20 min 内，顺利从实车上识别出转向系统的各组成部分及安装位置。

学习重点
- 识别转向系统的各组成部分及安装位置。

知识准备

1. 转向系统的作用和类型

汽车转向系统的作用是根据车辆行驶需要，按照驾驶人的意图适时改变汽车的行驶方向，其功用如图 3-1-1 所示。

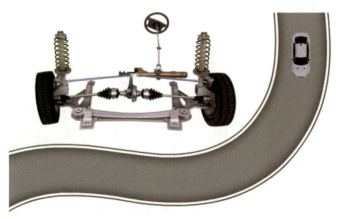

图 3-1-1　转向系统功用

转向系统根据转向能源的不同，可分为机械转向系统和动力转向系统两大类型，如图 3-1-2 所示。机械转向系统是将驾驶人作用在转向盘上的力，通过机械传给转向轮，使转向轮发生偏转，实现汽车的转向。动力转向系统是通过具有一定压力的液流或气流，帮助驾驶人

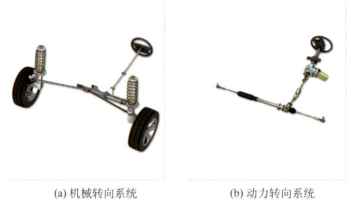

(a) 机械转向系统　　　　(b) 动力转向系统

图 3-1-2　转向系统分类

克服转向阻力矩,使转向轻便。

1.1　机械转向系统

机械转向系统由转向器总成和转向传动机构组成,如图 3-1-3 所示。转向器总成由转向盘、转向轴、转向传动轴、万向节、转向器等组成。转向传动机构由转向横拉杆、转向节臂、左右转向节等组成。

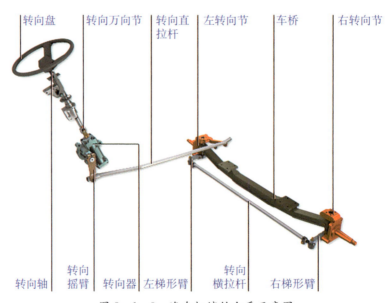

图 3-1-3　汽车机械转向系示意图

汽车转向行驶时,驾驶人根据汽车所需改变的行驶方向转动转向盘,通过转向轴使转向器的主动件(小齿轮等)转动并带动从动件(齿条等)移动,使与其固定的摇臂轴转一个角度,带动摇臂摆动一个相应的角度,通过纵拉杆和转向节臂带动近转向器侧转向节偏转,经梯形臂和横拉杆带动另一侧转向节同方向偏转。因转向轮用轴承安装在转向节上,故转向节偏转时带动转向轮偏转,实现汽车转向。

1.2 动力转向系统

动力转向系统是一套兼用驾驶人体力和发动机动力为转向能源的转向系统。在正常情况下,汽车转向所需的能量只有一小部分由驾驶人提供,而大部分能量由发动机通过转向加力装置提供。图3-1-4为液压动力转向系统的组成。

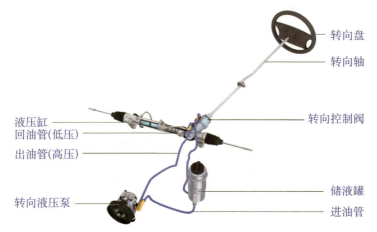

图3-1-4 液压动力转向系统组成

2. 转向轮的运动规律

汽车转向时,要求所有车轮都以同一个中心转向,此点叫做转向中心,如图3-1-5所示。

为了保证各车轮在转向过程中都是纯滚动,转向内轮的转角必须大于转向外轮的转角,两者的关系为:

$$\cot \alpha = \cot \beta + B/L$$

式中 B——左、右转向轴主销轴线间的距离;

  L——前后桥的距离。

汽车转向时,内轮转角大于外轮转角是由转向梯形机构来保证的。

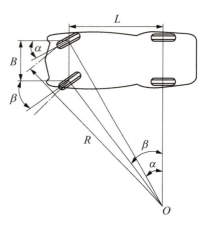

图3-1-5 汽车转向示意图

转向半径为转向中心到转向外轮胎面中线之间的距离。转向半径的大小随转向轮的转角大小而定,转向轮转角越大,则转向半径越小。

最小转向半径 R_{min} 与 α_{max} 的关系为:

$$R_{min} = L/\sin \alpha_{max}$$

转向半径越小,汽车的机动性能越好。汽车的轴距也是影响转向半径的一个因素,轴距越小时,转向半径也越小。

转向传动比为转向盘转角与转向轮偏转角之比,包括转向器角传动比(即转向盘转角增量与转向摇臂转角增量之比)和转向传动机构角传动比(即转向摇臂转角增量与同侧转向节相应转角增量之比),如图 3-1-6 和图 3-1-7 所示。

转向器角传动比 $i_{\omega 1}=\dfrac{转向盘转角增量}{转向摇臂转角增量}$

图 3-1-6 转向器角传动比

转向传动机构角传动比 $i_{\omega 2}=\dfrac{转向摇臂转角增量}{同侧转向节相应转角增量}$

图 3-1-7 转向传动机构角传动比

转向传动比越大,扳动转向盘越省力,但转向的灵敏性则越差;转向传动比越小,转向时的灵敏性越好,但扳动转向盘则越费力。因此,转向传动比应根据不同车型而定。

(一) 实施方案

1. 质量要求

参照 2013 款 1.6 L 自动挡科鲁兹轿车厂家的质量标准要求。

2. 组织方式

每四位同学一组,查看 2013 款 1.6 L 自动挡科鲁兹轿车上的转向系统,每组作业时间为 20 min。

3. 作业准备

（1）技术要求与标准：

① 习惯性使用"三件套"、发动机舱防护罩等汽车防护物品，养成良好职业习惯；

② 养成"采取安全防护措施维修作业"的习惯；

③ 养成工具、零部件、油液"三不落地"的职业习惯，工具及拆下的零部件等都应整齐地放置在工具车及零件盘中。

（2）设备器材如图3-1-8所示。

(a) 常用工具（一套）　　　　　　(b) 举升机

图3-1-8　设备器材

（3）场地设施：有消防设施的场地。

（4）设备设施：2013款1.6 L自动挡科鲁兹轿车一辆、举升机、工具车、零件车、标保工具车、垃圾桶等。

（5）耗材：干净抹布、清洁剂等。

（二）操作步骤

识别底盘转向系统的组成部件。

（1）打开车门，罩好"三件套"，拉动发动机舱盖手柄。

（2）打开发动机舱盖，罩好发动机舱防护罩，拆下发动机护板。

（3）找出转向盘，观察其所在的位置。

（4）按照举升机的操作要求采取相应的安全防护措施，用举升机举起汽车。

（5）从汽车底部找出转向器，观察其安装位置。

（6）将汽车及举升机复位，并检查复位状况是否良好。

任务小结

1. 转向系统的作用

汽车转向系统的作用是根据车辆行驶需要，按照驾驶人的意图适时改变汽车的行驶方向。

2. 转向系统分类

转向系统根据转向能源的不同，可分为机械转向系统和动力转向系统两大类型。机械转向系统是将驾驶人作用在转向盘上的力,通过机械传给转向轮,使转向轮发生偏转,实现汽车的转向。动力转向系统是通过具有一定压力的液流或气流,帮助驾驶人克服转向阻力矩,使转向轻便。

3. 转向半径和转向传动比

转向半径为转向中心到转向外轮胎面中线之间的距离。转向半径的大小随转向轮的转角大小而定,转向轮转角越大,则转向半径越小。转向传动比为转向盘转角与转向轮偏转角之比,包括转向器传动比和转向传动机构的传动比。

(一) 课堂练习

1. 判断题

(1) 汽车转向系统是根据车辆行驶需要,按照驾驶人的意图改变汽车的行驶方向。(　　)

(2) 汽车转向半径越小,汽车的机动性能越差。(　　)

(3) 汽车转向传动比越大,扳动转向盘越省力,但转向的灵敏性则越差。(　　)

2. 单选题

(1) 为了保证各车轮在转向过程中都是纯滚动,转向内轮的转角必须(　　)转向外轮的转角。

　　A. 大于　　　　B. 等于　　　　C. 大于或等于　　　　D. 小于

(2) 转向传动比越大,扳动转向盘越省力,转向的灵敏性则(　　)。

　　A. 越好　　　　B. 不变　　　　C. 越差　　　　D. 两者之间没有关系

(二) 技能评价

表 3-1-1　技能评价表

序号	内　　容	分值	得分
1	铺好"三件套",拉动发动机舱盖手柄	10	
2	打开发动机舱盖,罩好发动机舱防护罩,拆下发动机护板	15	
3	找出转向盘	20	
4	按照操作要求举起汽车	20	
5	找出转向器和转向柱	20	
6	将汽车及举升机复位	15	
	总分	100	

(注:操作规范即得分,操作错误或未进行操作即 0 分)

学习任务 2　动力转向器拆装

任务目标

任务目标
- 用自己的语言简述转向器的作用和种类。
- 概括螺杆螺母循环球式转向器的结构和工作原理。
- 简要概括转向传动机构的结构和种类。
- 在 20 min 内顺利完成对动力转向器的拆装。

学习重点
- 动力转向器拆装的主要内容及其方法。

知识准备

转向器作用是将驾驶人作用于转向盘上的力放大并改变传动方向后,传给转向传动机构。转向器的种类很多,一般根据啮合传动副的结构形式分类。目前应用较广泛的有循环球式和齿轮齿条式等形式。其分类如图 3-2-1 所示。

图 3-2-1　齿轮齿条式转向器和循环球式转向器

1. 螺杆螺母循环球式转向器

螺杆螺母循环球式转向器又叫循环球齿条齿扇式转向器，由两对啮合副组合而成，如图3-2-2所示。

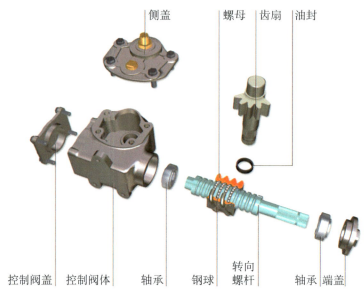

图 3-2-2　循环球式转向器结构

第一啮合副由螺杆和与之配合的四方形螺母组成。在螺母与螺杆的啮合槽内充满钢球，在螺母外有两条钢球流动导轨，内部也充满钢球，转动转向盘时，钢球在螺杆和螺母的啮合槽内通过导轨形成钢球流，使啮合副的摩擦形态变成滚动摩擦，使磨损减小，提高了传动效率，且使操作轻便。

另一对啮合副是由螺母上一面制成的齿条和安装在摇臂轴上的齿扇组成的。装配后齿扇的齿与螺母上的齿条相啮合。啮合间隙可通过侧盖上的调整螺钉进行调整，螺钉拧入，间隙减小。

转动转向盘，通过转向轴带动螺杆转动，与螺杆相啮合的螺母则沿螺杆轴线移动，螺母通过齿条带动齿扇绕摇臂轴转动，从而带动摇臂摆动。

该转向器的优点是传动效率高达 90%～95%，操作轻便，使用寿命长。同时逆效率也高，易将路面对车轮冲击力传到转向盘，造成转向盘"打手"。

2. 齿轮齿条式转向器

齿轮齿条式转向器结构较简单紧凑，操纵轻便灵敏。转向齿轮与转向轴固定并用轴承安装在转向器壳内。齿条与齿轮垂直啮合，安装在齿条壳内。两端与横拉杆连接，如图3-2-3所示。

转向时，转动转向盘使转向齿轮转动，带动齿条横向移动，通过横拉杆、球头销和转向节使车轮偏转，从而实现汽车的转向。

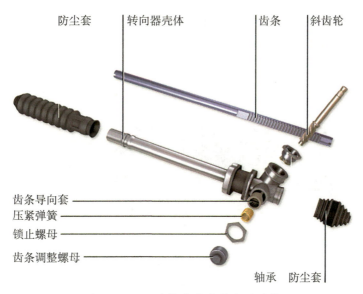

图3-2-3 齿轮齿条式转向器结构

转向器齿条各齿间的节距不相等,中部位置节距大,向两端逐渐减小。齿轮和齿条的啮合深度也不同,中间位置啮合较浅,向两端逐渐加深。上述结构使得转向器具有可变传动比,转向盘转角越大,传动比也越大。因此,转向盘转角加大,操纵转向盘的力就不需增加。

齿轮和齿条的啮合间隙通过转动调整螺塞、加大压缩弹簧张力进行调节,以保证齿轮齿条的无间隙啮合。

3. 转向传动机构

转向传动机构是连接转向器与转向节之间的连动机件,包括转向摇臂、纵拉杆、转向节臂、横拉杆和梯形臂等,如图3-2-4和图3-2-5所示。

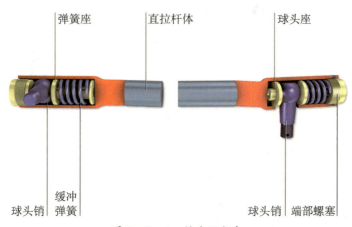

图3-2-4 转向纵拉杆

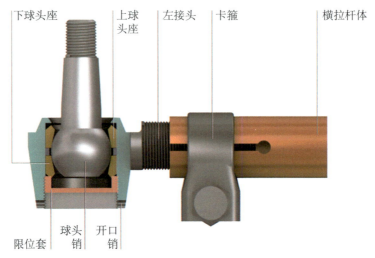

图 3-2-5 转向横拉杆

3.1 非独立悬架的转向传动机构

非独立悬架的转向传动机构结构如图 3-2-6 所示。

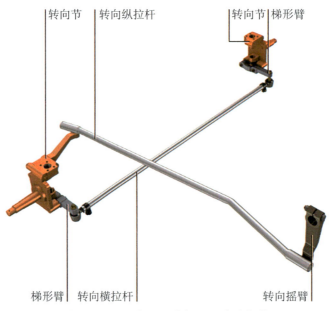

图 3-2-6 非独立悬架转向传动机构

转向摇臂是连接转向器与转向联动机件的零件,上端连接摇臂轴,下端连接纵拉杆。其大端一般具有三角形细花纹键槽孔,与转向摇臂轴端的花键轴配合连接,而小端具有锥形孔,与球头销颈部相连,用螺母固定。球头销的球头与纵拉杆以铰接形式连接。

转向纵拉杆是连接转向摇臂和转向节臂的一个组合件。它由两端扩孔的钢管制成。两端孔腔内分别装入球头销,球销的球部两侧装有两块带内圆弧的球头销座,与球头靠紧,球销内侧装有弹簧和弹簧座,球销外侧的杆端装有螺塞,转动螺塞可调整弹簧的预张力。在拉杆两端还分别装有润滑脂嘴进行润滑。弹簧的作用是在纵拉杆工作过程中,起缓冲作用,以及在球头与球头销座磨损后,自动调节相互间的配合间隙。

转向横拉杆是连接左、右梯形臂的组合件,由实心的钢杆和两端接头组合而成,在转向过程中除联动左、右转向节外,还可用来调整前轮前束。

拉杆体左、右两端制有反向螺纹,两端接头也是反向螺纹,转动拉杆可调整横拉杆长度。接头由球头销,上、下球座,弹簧,弹簧座和螺塞组成。弹簧的作用是自动调节球头与座的间隙和起缓冲作用。螺塞用来调整弹簧的预紧力。

3.2 独立悬架的转向传动机构

独立悬架的转向桥是断开式的,转向梯形机构和横拉杆也分为两段或三段,如图 3-2-7 所示。

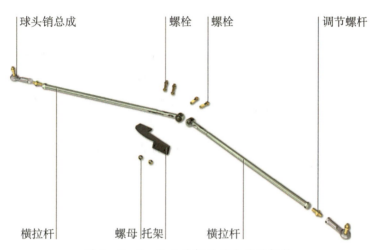

图 3-2-7 独立悬架的转向传动机构

桑塔纳轿车机械转向系统由转向盘,转向轴,左、右横拉杆,转向器,转向减振器和左、右转向节臂等组成。转向器齿条一端同左右横拉杆连接。转动转向盘,转向器齿轮使齿条左右移动,横拉杆通过转向节臂使车轮偏转。

(一) 实施方案

1. 质量要求

参照 2013 款 1.6 L 自动挡科鲁兹轿车厂家的质量标准要求。

2. 组织方式

每四位同学一组,能够规范使用动力转向器拆装工具,按照企业岗位操作规范对动力转向器进行拆装作业。每组作业时间为 20 min。

3. 作业准备

(1) 技术要求与标准：

① 专用工具的准备；

② 断开蓄电池负极；

③ 按技术要求拆装动力转向器。

(2) 设备器材如图 3-2-8 所示。

(3) 场地设施：有消防设施的场地。

(4) 设备设施：2013 款 1.6 L 自动挡科鲁兹轿车一辆、科鲁兹车型底盘相关专用工具、工具车、零件车、标保工具车、垃圾桶等。

(5) 耗材：干净抹布、清洁剂等。

常用工具(一套)

图 3-2-8 设备器材

（二）操作步骤

1. 拆卸蓄电池负极

2. 转向传动机构外转向横拉杆的拆卸

(1) 使用 CH-161-B 拔出器将转向传动机构外转向横拉杆从转向节上分离，见图 3-2-9。

(2) 检查转向传动机构内转向横拉杆是否弯曲或有螺纹损坏。

(3) 清洁转向节的锥形表面。

(4) 检查并调整车轮定位。

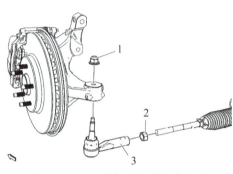

图 3-2-9 拆卸转向横拉杆螺栓

(5) 对中转向盘转角传感器，见图 3-2-10。

① 转向传动机构转向横拉杆螺母（紧固至 35 N·m）。

② 转向传动机构内转向横拉杆螺母（紧固至 6 N·m）。

③ 转向传动机构外转向横拉杆。

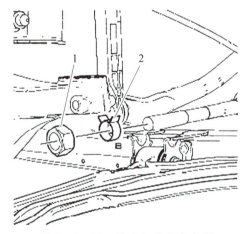

图 3-2-10 转向机外护套卡箍

3. 转向器护套更换

3.1 拆卸程序

(1) 拆下转向传动机构外转向横拉杆。参见"转向传动机构外转向横拉杆的更换"。

(2) 拆下转向传动机构内转向横拉杆螺母1。

(3) 拆下转向器外护套卡箍2。

(4) 松开转向器内护套卡箍1。在转向器上标记护套卡箍1的安装位置。

(5) 拆下转向器护套1,见图3-2-11。

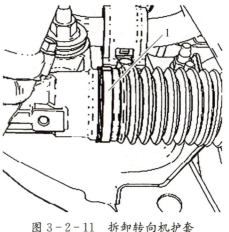

图3-2-11 拆卸转向机护套

◇ 拆下转向器护套后,检查转向传动机构内转向横拉杆是否有明显的腐蚀或者污染。如无,则继续修理。如有,则更换内转向横拉杆。

(6) 拆下转向器内护套卡箍2,见图3-2-12。

3.2 安装程序

(1) 将一个新的卡箍2松松地安装在转向器护套的内侧。

(2) 将维修组件内的润滑脂涂到标识位置。

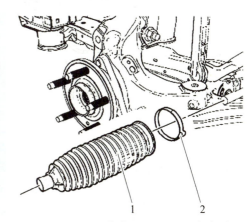

图3-2-12 拆卸转向机内护套卡箍

◇ 转向器护套必须位于转向器上正确的凹槽内。

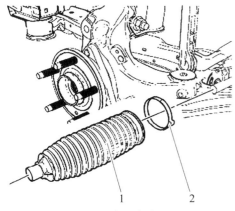

图 3-2-13 安装护套卡箍至转向机

(3) 将转向器护套 1 穿过转向传动机构内转向横拉杆安装在转向器上,见图 3-2-13。

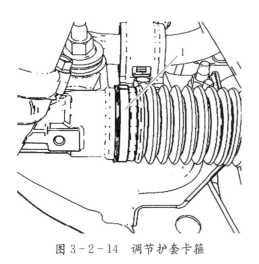

图 3-2-14 调节护套卡箍

(4) 将护套卡箍 1 调节至转向器上标记的位置,以确保正确的安装位置,见图 3-2-14。

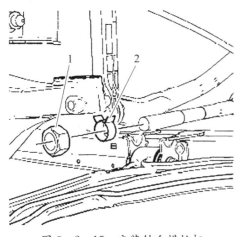

图 3-2-15 安装转向横拉杆

(5) 使用 CH-804 钳子压接转向器内护套卡箍 1。

(6) 安装转向器外护套卡箍 2。

(7) 安装转向传动机构内转向横拉杆 1,见图 3-2-15。

(8) 安装转向传动机构外转向横拉杆。参见"转向传动机构外转向横拉杆的更换"。

4. 转向器的更换
4.1 拆卸程序

（1）转动前轮至正向前位置，并固定转向盘防止移动。

（2）拆下并报废下中间转向轴螺栓 1，见图 3-2-16。

（3）将转向中间轴从转向器上拆下。

（4）举升和顶起车辆。参见"举升和顶起车辆"。

（5）拆下轮胎和车轮总成。参见"轮胎和车轮的拆卸与安装"。

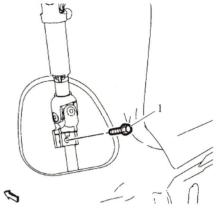

图 3-2-16 拆卸下中间转向轴螺栓

（6）拆下前舱屏蔽板（若装配）。

（7）取下前排气管。参见"前排气管的更换"。

（8）拆下转向传动机构内转向横拉杆。参见"转向传动机构内转向横拉杆的更换"。

（9）拆下稳定杆连杆两侧的下螺母 2，见图 3-2-17。

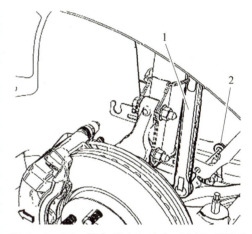

图 3-2-17 拆卸稳定杆连杆两侧的下螺母

（10）拆下稳定杆处的稳定杆连杆 1，见图 3-2-18。

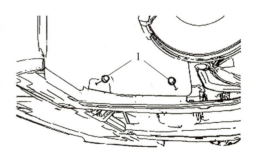

图 3-2-18 拆卸稳定杆连杆

(11) 拆下发动机两侧侧盖上的 4 个紧固件 1。

(12) 拆下前发动机舱盖的 4 个紧固件 1,见图 3-2-19。

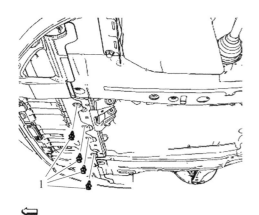

图 3-2-19　拆卸前发动机舱盖紧固螺栓

(13) 拆下变速器支座托架螺栓(前 1 和后 2),见图 3-2-20。

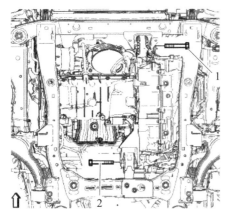

图 3-2-20　拆卸前后变速器支座托架螺栓

(14) 拆下并报废 2 个后车架螺栓 2,见图 3-2-21。

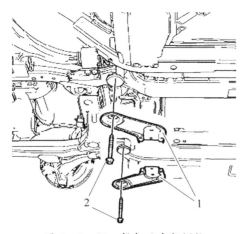

图 3-2-21　拆卸后车架螺栓

(15) 拆下后车架加强件1。

(16) 将液压连杆与CH-904底座和CH-49289-50适配器连接2,见图3-2-22,并安装在副车架上1。将前盖弯曲到一侧。

(17) 降下副车架,最多55 mm。

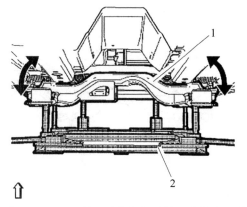

图3-2-22 拆下后车架加强件及安装适配器

(18) 将2个线束插头3从转向器上断开。

(19) 拆下2个线束托架螺栓4。

(20) 从车上卸下托架2。

(21) 将线束护圈1从转向器上卸下,见图3-2-23。

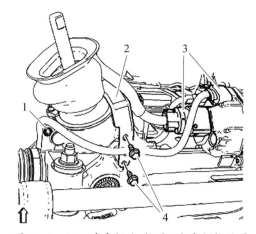

图3-2-23 线束插头、护圈及托架螺栓位置

(22) 拆下右稳定杆1上的2个隔振垫夹紧螺栓2,见图3-2-24。

(23) 将稳定杆1悬挂至车身。

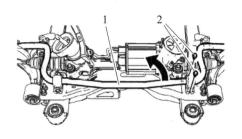

图3-2-24 拆卸右稳定杆的隔振垫夹紧螺栓

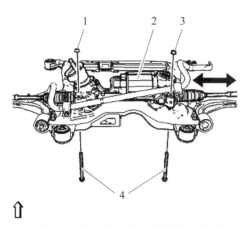

图 3-2-25 拆卸转向器螺栓和螺母

(24) 从前副车架上拆下 2 个转向器螺栓 4 和螺母 1、3,见图 3-2-25。

(25) 将转向器 2 从右侧拆下。

(26) 必要时更换这些零件:

① 更换外转向横拉杆。参见"转向传动机构外转向横拉杆的更换"。

② 更换内转向横拉杆。参见"转向传动机构内转向横拉杆的更换"。

③ 更换转向器护套。参见"转向器护套的更换"。

4.2 安装程序

◇ 检查线束布线是否正确,以确保正确安装。

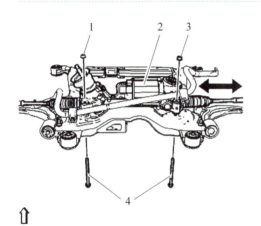

图 3-2-26 安装新的转向器螺栓和螺母

(1) 转向器 2 插入右侧,并将其置于安装位置。

(2) 安装新的转向器螺栓 4 和螺母 1、3,见图 3-2-26,首先用 110 N·m 的力矩紧固。

(3) 将新的转向器螺栓和螺母再转 150°~165° 拧紧。使用 EN-45059 角度测量仪表测定。

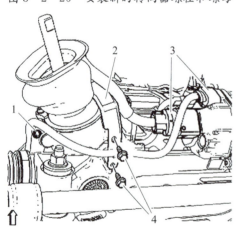

图 3-2-27 线束、插头、护圈及托架螺栓安装位置

(4) 安装 2 个发动机线束托架螺栓 4,并紧固至 9 N·m。

(5) 将线束护圈 1 紧固至转向器上。

(6) 连接 2 个线束插头 3,见图 3-2-27。

(7) 将稳定杆 1 和托架置于副车架上。

(8) 安装新的右稳定杆隔振垫夹紧螺栓 2,见图 3-2-28,并紧固至 22 N·m。

(9) 最后将右稳定杆隔振垫夹紧螺栓再转 30°拧紧。使用 EN-45059 角度测量仪表测定。

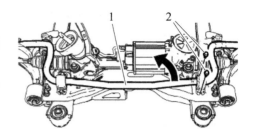

图 3-2-28　安装右稳定杆的隔振垫夹紧螺栓

(10) 移出 CH-49289 适配器上的定位销 1,见图 3-2-29。

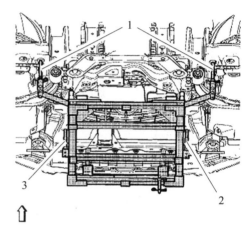

图 3-2-29　适配器定位销位置

(11) 小心地举升车架 1,见图 3-2-30,此操作可使用 CH-49289 适配器 2。

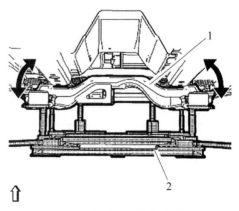

图 3-2-30　举升车架

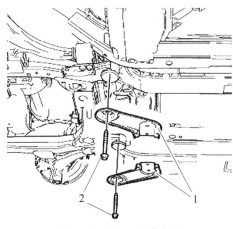

图 3-2-31 安装车架

(12) 安装车架1,见图3-2-31。

(13) 安装新的车架后部螺栓2,并紧固至160 N·m。

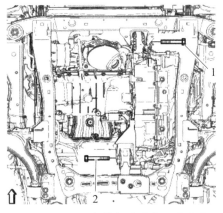

图 3-2-32 安装新的车架后部螺栓

(14) 安装新的变速器支架托架后部螺栓2,见图3-2-32,并紧固至160 N·m。

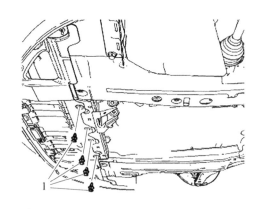

图 3-2-33 安装前发动机舱盖紧固件

(15) 安装并紧固发动机两侧侧盖上的4个紧固件1。

(16) 安装并紧固前发动机舱盖的4个紧固件1,见图3-2-33。

(17) 安装前舱屏蔽板(若装配)。

(18) 安装前排气管。

(19) 安装转向传动机构内转向横拉杆。

（20）安装稳定杆连杆两侧的下螺母2，见图3-2-34，并紧固至35 N·m。

（21）放下车辆。

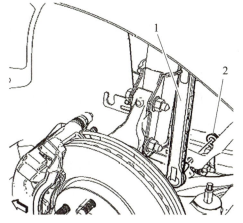

图3-2-34 安装稳定杆连杆的下螺母

（22）安装新的下中间转向轴螺栓，见图3-2-35，并紧固至34 N·m。

（23）对中转向盘转角传感器。

（24）安装轮胎和车轮总成。

（25）检查并调整车轮定位。

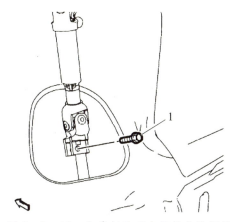

图3-2-35 安装新的下中间转向轴螺栓

5. 转向传动机构内转向横拉杆的更换

5.1 拆卸程序

（1）举升和顶起车辆。

（2）拆下轮胎和车轮总成。

（3）拆下转向传动机构外转向横拉杆。

（4）拆下转向器护套。

（5）用CH-6247拆卸/安装工具拆下转向传动机构内转向横拉杆1，见图3-2-36。

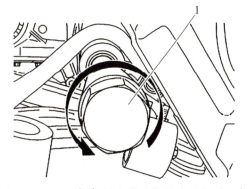

图3-2-36 拆卸转向传动机构内转向横拉杆

5.2 安装程序

(1) 将螺纹锁止胶涂抹到内转向横拉杆 1 的螺纹上。

(2) 使用 CH‑6247 拆卸工具/安装工具安装转向传动机构内转向横拉杆,见图 3‑2‑37,并紧固至 105 N·m。

(3) 安装转向器护套。

(4) 安装转向传动机构外转向横拉杆。

(5) 安装轮胎和车轮总成。

(6) 测量车轮定位。

(7) 调整前轮前束。

(8) 对中转向盘转角传感器。

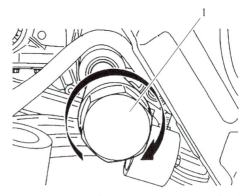

图 3‑2‑37 安装转向传动机构内转向横拉杆

任务小结

1. 转向装置的作用和组成

汽车转向装置的作用是保证汽车按驾驶人的要求进行转向和正常行驶。有机械转向、动力转向、电控动力转向几种方式。机械式转向装置包括转向盘、转向柱、转向万向节、转向传动轴、转向器、转向摇臂、转向纵拉杆、转向节臂、转向节、梯形臂、转向横拉杆等元件。

2. 动力转向系统组成和分类

动力转向系统在原机械式转向系统基础上增加了储液罐、转向液压泵、控制阀及液压缸。能够减小汽车转向时驾驶人施加给转向盘的力,提高驾驶舒适性。动力转向装置一般分为液压式和电动式两种类型。

3. 转向器常见类型

常见的转向器有齿轮齿条式、循环球式和蜗杆曲柄指销式转向器。

4. 动力转向机构拆装注意事项

(1) 动力转向机构在拆装时,重要的螺栓都有规定拧紧力矩,安装时一定要严格按照规定用扭力扳手拧紧。

(2) 动力转向机构在拆装时,许多特殊的零件需要用专用工具进行拆装,拆装时必须严格执行相关规定。

(3) 动力转向机构在拆装时,一次性使用的零件拆卸后必须报废,安装时更换新件。

(4) 安装动力转向器时,液压泵上和转向控制阀上固定泄放螺栓的密封圈只要被拆卸,就应该更换。

(5) 动力转向器安装完毕,加好油后,还需在发动机停止的情况下转动转向盘数次,以便把系统中存在的空气排出,并补充 ATF 油,使之达到"MAX"标记处;起动发动机,完全向左和右转动转向盘,观察油面高度,一直到油面稳定在"MAX"标记处为止。

任务评价

(一) 课堂练习

1. 判断题

(1) 转向系统的作用是保证汽车转向的。(　　)

(2) 汽车在转弯时,内转向轮和外转向轮滚过的距离是不相等的。(　　)

(3) 两转向轮偏转时,外轮转角比内轮转角大。(　　)

(4) 转向半径 R 越小,则汽车在转向时,所需要的场地面积就越小。(　　)

(5) 为了提高行车的安全性,转向轴可以有少许轴向移动。(　　)

(6) 可逆式转向器有利于转向轮和转向盘自动回正,但汽车在坏路面上行驶时易发生转向盘"打手"现象。(　　)

(7) 摇臂轴的端部刻有标记,装配时应与转向垂臂的刻度标记对正。(　　)

(8) 转向纵拉杆两端的弹簧在球头销的同一侧。(　　)

(9) 当转向轮为独立悬架时,转向桥、横拉杆必须是整体式。(　　)

(10) 液压缸和转向器分开布置称为分置式。(　　)

2. 单选题

(1) 解放 CA1092 左轮向左和右轮向右均为(　　)。
　　A. 38°　　　　　B. 37°30′　　　　C. 34°　　　　D. 33°30′

(2) 要实现正确的转向,只能有一个转向中心,并满足(　　)关系式。
　　A. $\cot\alpha = \cot\beta - \dfrac{B}{L}$　　　　　B. $\cot\alpha = \cot\beta + \dfrac{B}{L}$
　　C. $\cot\beta = \cot\alpha - \dfrac{B}{L}$　　　　　D. $\cot\beta = \cot\alpha + \dfrac{B}{L}$

(3) 一般中型载货汽车转向器的传动比为(　　)。
　　A. $i = 14 \sim 20$　　B. $i = 28 \sim 42$　　C. $i = 20 \sim 24$　　D. $i = 24 \sim 30$

(二) 技能评价

表 3-2-1　技能评价表

序号	内　　容	分值	得分
1	转向传动机构外转向横拉杆拆卸	10	
2	转向器护套拆卸	10	

续 表

序号	内　　容	分值	得分
3	转向器拆卸	15	
4	转向传动机构内转向横拉杆拆卸	15	
5	转向器安装	15	
6	转向传动机构内、外转向横拉杆安装	15	
7	按照规范流程进行拆装作业	10	
8	完成"6S"作业	10	
	总分	100	

(注：操作规范即得分，操作错误或未进行操作即0分)

学习任务 3　动力转向辅助电动机拆装

任务目标

任务目标
- ◎ 说出动力转向系统的作用和类型。
- ◎ 用自己的语言概括动力转向系统的组成。
- ◎ 简要概括动力转向系统的工作原理。
- ◎ 在 30 min 内完成动力转向辅助电动机的拆装。

学习重点
- ◎ 动力转向辅助电动机拆装的主要内容及其方法。

知识准备

1. 动力转向系统作用与类型

动力转向系统的作用是利用动力介质来帮助驾驶人克服转向过程中的转向阻力矩。

动力转向系统的类型：

（1）按动力能源，动力转向系统可分为液压助力转向系统和电动助力转向系统两种，如图 3-3-1 所示。

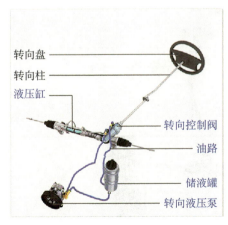
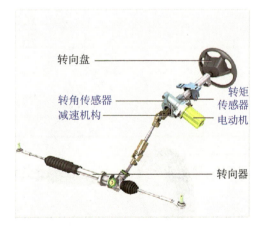

（a）液压助力转向系统　　　　（b）电动助力转向系统

图 3-3-1　按动力能源分类的动力转向系统

（2）按液流形式，动力转向系统可分为常流式和常压式两种。常流式是不转向时，液压系统中的工作油为低压；常压式是不转向时，系统中的工作油是高压，常压式需要装用储能器，如图3-3-2所示。

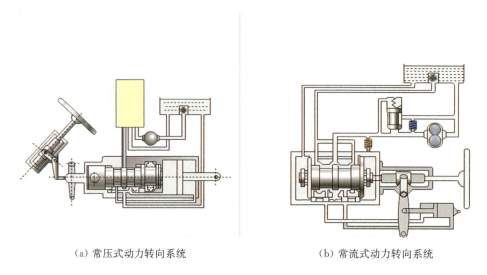

(a) 常压式动力转向系统　　　　　　　(b) 常流式动力转向系统

图3-3-2　按液流形式分类的动力转向系统

（3）按液压动力缸、分配阀和转向器三者的关系的不同，可分为整体式和分置式两种。三者合为一体的叫整体式。三者相互分开布置的叫分置式。

2. 动力转向系统组成

动力转向系统由动力转向系统控制模块（ECU）、动力转向电动机、动力转向电动机旋转传感器、转矩传感器、转向器（齿条和双齿轮）等部件组成，如图3-3-3所示。

图3-3-3　电子控制动力转向系组成

3. 动力转向系统工作原理

在使用动力转向系统控制模块控制动力转向电动机以便操作转向器时,齿条和双齿轮电子动力转向系统可以减小车辆转向所需力量。

动力转向系统控制模块也使用转矩传感器、电动机转动传感器、蓄电池电压电路和 GM LAN 串行数据电路的组合来执行系统功能。动力转向系统控制模块将通过 GM LAN 串行数据电路监测来自发动机控制模块的车速和发动机转速信息,以确定车辆转向所需辅助力的大小。在低速情况下,提供较大的辅助力以便在驻车操作中进行转向。在高速情况下,提供较小的辅助力以便提高路感和方向稳定性。

动力转向系统控制模块使用转矩传感器、电动机转动传感器、车速和系统温度输入计算值的组合来确定所需辅助力的大小。动力转向系统控制模块连续监测数字转矩传感器的转矩并定位电流信号。随着转向盘转动和转向轴扭转,通过转矩信号电路监测转向输入和输出轴,然后用动力转向系统控制模块来处理,以计算转动转矩。由动力转向系统控制模块来处理电动机位置传感器的电压信号和数字转矩传感器的定位电流信号,以检测和计算转向盘角度。

动力转向系统控制模块通过控制动力转向电动机的电流,来回应数字转矩传感器信号以及电动机转动传感器电压信号的改变。动力转向系统控制模块控制脉宽调制电动机驱动电路,以驱动三相电动机。动力转向系统控制模块和电动机总成与转向器壳体基座连接并帮助转向器小齿轮根据转向盘的转动进行左右移动。动力转向系统控制模块可以计算内部系统温度,以保护动力转向系统不受高温损坏。为了降低过高的系统温度,动力转向系统控制模块将减小流向动力转向电动机的指令电流,即减小转向辅助力的大小。

动力转向系统控制模块可以检测电子动力转向系统中的故障。检测到停用转向辅助的故障会使驾驶人信息中心出现 SERVICE POWER STEERING(维修动力转向系统)的信息。

(一) 实施方案

1. 质量要求

参照 2013 款 1.6 L 自动挡科鲁兹轿车厂家的质量标准要求。

2. 组织方式

每四位同学一组,能够规范使用动力转向辅助电动机拆装工具,按照企业岗位操作规范对动力转向辅助电动机进行拆装作业。每组作业时间为 30 min。

3. 作业准备

(1)技术要求与标准:

① 捕获来自旧的动力转向辅助电动机的数据;

② 断开蓄电池;

③ 小心地断开电子动力转向系统的电气连接器;

④ 拆下传动系统和前副车架。

（2）设备器材如图 3-3-4 所示。

（3）场地设施：有消防设施的场地。

（4）设备设施：2013 款 1.6 L 自动挡科鲁兹轿车一辆、科鲁兹车型底盘相关专用工具、工具车、零件车、标保工具车、垃圾桶等。

（5）耗材：干净抹布、清洁剂等。

图 3-3-4　常用工具（一套）

（二）操作步骤

1. 拆装动力转向辅助电动机螺栓

安装新螺栓，切勿使用旧螺栓。拧紧力矩 8 N·m。

2. 拆装动力转向辅助电动机

（1）将数据从旧的动力转向辅助电动机移至新的动力转向辅助电动机。

（2）校准转向盘转角传感器，并读取软止点。

（3）易失性存储器编程。

3. 拆装动力转向辅助电动机驱动护套

（1）报废旧驱动护套，仅使用新的。

（2）将驱动器护套安装至辅助电动机电枢。

（3）将辅助电动机电枢上的驱动护套与转向器对准。

4. 拆装动力转向辅助电动机壳体 O 型圈

（1）报废旧 O 型圈，仅使用新的。

（2）润滑 O 型圈。

（3）将 O 型圈正确放入电动机壳体凹槽内。

任务小结

（1）动力转向液压泵的类型有齿轮式、叶片式、转子式和柱塞式。

（2）动力转向液压泵的压力油通过控制阀作用于转向器实现转向。

（3）动力转向液压泵使用发动机的动力来驱动。

（4）动力转向系统由动力转向系统控制模块、动力转向电动机、动力转向电动机旋转传感器、转矩传感器、转向器（齿条和双齿轮）等部件组成。

（5）动力转向系统控制模块使用转矩传感器、电动机转动传感器、蓄电池电压电路和 GM LAN 串行数据电路的组合来执行系统功能。

（6）动力转向系统控制模块将通过 GM LAN 串行数据电路监测来自发动机控制模块的车速和发动机转速信息，以确定车辆转向所需辅助力的大小。在低速情况下，提供较大的辅助力，以便在驻车操作中进行转向。在高速情况下，提供较小的辅助力，以便提高路感和方向稳定性。

(一) 课堂练习

1. 判断题

(1) 转向桥负荷在3~4 t以上的汽车,大多加装转向助力装置。(　　)

(2) 转向助力装置在小型车上使用,主要解决随动性和转向轻便的矛盾。(　　)

2. 单选题

(1) 液压式转向助力装置按液流的形式可分为(　　)。

　　A. 常流式　　　　B. 常压式　　　　C. 溢流式　　　　D. 高压式

(2) 转向助力装置的安全阀是(　　)。

　　A. 限制转向泵的最大的压力

　　B. 保护转向泵及装置中其他机构不致过载而损坏

　　C. 确定转向泵的工作的压力

　　D. 保护转向泵及装置中其他机构不致流量过大而损坏

(二) 技能评价

表 3-3-1 技能评价表

序号	内　　容	分值	得分
1	断开蓄电池,小心地断开电子动力转向系统的电气连接器	5	
2	拆卸传动系统和前副车架	10	
3	拆卸动力转向辅助电动机	15	
4	拆卸动力转向辅助电动机驱动护套,更换电动机O型圈	15	
5	安装动力转向辅助电动机驱动护套	5	
6	安装动力转向辅助电动机	10	
7	安装传动系统和前副车架	10	
8	连接蓄电池,连接电子动力转向系统电气连接器	10	
9	按照规范流程进行拆装作业	10	
10	完成"6S"作业	10	
	总分	100	

(注:操作规范即得分,操作错误或未进行操作即0分)

学习任务 4　转向盘和转向柱拆装

任务目标

任务目标
- 用自己的语言描述汽车转向装置的作用。
- 简述转向盘的组成。
- 概括转向柱碰撞吸能装置的组成和类型。
- 在 30 min 内顺利完成转向盘和转向柱的拆装。

学习重点
- 转向盘和转向柱拆装的主要内容及其方法。

知识准备

图 3-4-1　转向盘组成

汽车转向装置的作用是保证汽车按驾驶人的要求进行转向和正常行驶。转向盘由轮缘、轮辐、轮毂组成，如图 3-4-1 所示。

转向管柱吸能装置是由中间转向轴、转向柱上装饰盖、转向柱下装饰盖、转向柱锁止控制模块、转向信号开关、转向柱和转向信号开关托架等部分组成，如图 3-4-2 所示。

转向柱由把转向盘旋转传送到转向器的转向主轴和固定主轴的管柱组成的。现代汽车的转向柱大多装有碰撞吸能机构，该机构吸收推力，否则在撞击时该推力将会施加到驾驶人身上。某些车辆上的转向主轴还可能装有转向锁定机构、倾斜转向机构、伸缩式转向机构等控制系统，当汽车紧急制动或发生撞车事故时吸收冲击能量，减轻或防止对驾驶人的伤害。

碰撞吸能转向柱的类型有：弯曲托架式转向柱、网络状吸能转向柱、波纹管式吸能转向柱、分开式安全转向柱和轴向伸缩式转向柱等。

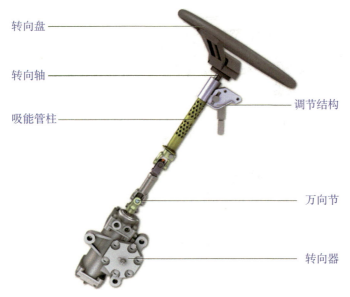

图 3-4-2 转向管柱吸能装置结构

（一）实施方案

1. 质量要求

参照 2013 款 1.6 L 自动挡科鲁兹轿车厂家的质量标准要求。

2. 组织方式

每四位同学一组，能够规范使用转向盘和转向柱拆装工具，按照企业岗位操作规范对转向盘和转向柱进行拆装作业。每组作业时间为 30 min。

3. 作业准备

（1）技术要求与标准：

① 能够正确进行转向盘和转向柱的拆卸和安装。

② 掌握专用工具的使用方法。

（2）设备器材如图 3-4-3 所示。

（3）场地设施：有消防设施的场地。

（4）设备设施：2013 款 1.6 L 自动挡科鲁兹轿车一辆、科鲁兹车型底盘相关专用工具、工具车、零件车、标保工具车、垃圾桶等。

（5）耗材：干净抹布、清洁剂等。

图 3-4-3 常用工具（一套）

转向盘的拆装

（二）操作步骤

1. 中间转向轴的更换

1.1 拆卸程序

（1）将转向盘转到正向前位置，支撑并防止移动。

（2）拆下并报废 2 个中转向轴螺栓 1，见图 3-4-4。

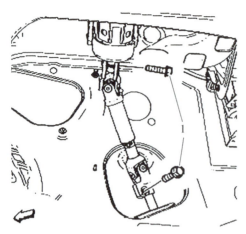

图 3-4-4 拆卸中转向轴螺栓

检查转向盘自由行程

（3）拆下中转向轴 1，见图 3-4-5。

图 3-4-5 拆卸中间转向轴

1.2 安装程序

（1）安装中间转向轴 1，见图 3-4-6。

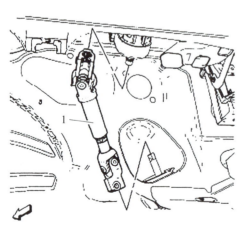

图 3-4-6 安装中间转向轴

(2)将上万向节小心地推至转向柱上。

(3)将下万向节1向下推至转向器小齿轮3上,见图3-4-7。

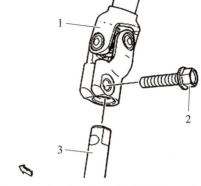

图3-4-7 将万向节推至转向机小齿轮上

◇ 万向节内良好轮齿的凹槽2必须精确对准转向小齿轮上良好轮齿的凹槽1。
◇ 万向节的孔必须对准转向小齿轮3的凹槽。

(4)按以上注意事项中所述,将万向节小心地推至转向齿轮上,见图3-4-8。

(5)安装2个新的中间转向轴螺栓1,并首先紧固至25 N·m。

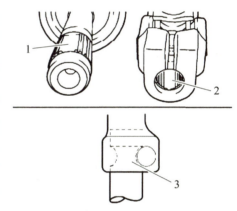

图3-4-8 调节万向节与转向机小齿轮角度

(6)最后将2个新的中转向柱螺栓再转180°~195°紧固,见图3-4-9。

(7)对中转向盘转角传感器。参见"转向盘转角传感器对中"。

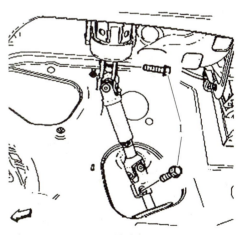

图3-4-9 安装中间转向轴螺栓

2. 转向柱上装饰盖的更换

分离转向柱上装饰盖和转向柱下装饰盖,见图3-4-10。

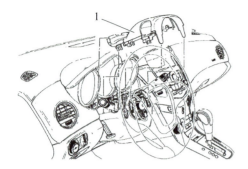

图3-4-10 拆卸转向柱饰盖

3. 转向柱下装饰盖的更换

准备:拆下转向柱上装饰盖。

(1)转向柱下装饰盖螺栓(数量:3)紧固至2.5N·m,见图3-4-11。

(2)旋转转向盘直到转向柱下装饰盖螺栓均可接触。

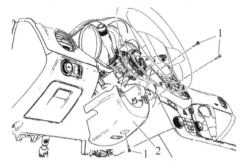

图3-4-11 安装转向柱饰盖螺栓

4. 转向柱锁止控制模块的更换

4.1 拆卸程序

(1)断开蓄电池负极电缆。

(2)拆卸仪表板外装饰盖。

(3)拆卸仪表板下装饰板盖。

(4)断开转向柱锁止装置的线束。

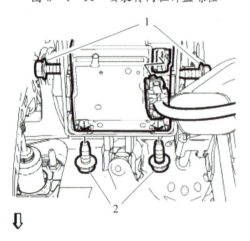

图3-4-12 拆卸转向柱锁止控制模块侧面螺栓

(5)拆卸侧面的转向柱锁止控制模块螺栓1,见图3-4-12。

(6)拆卸后部的转向柱锁止控制模块螺栓2,见图3-4-13。

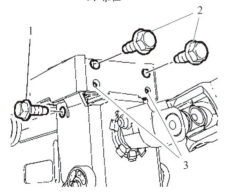

图3-4-13 拆卸转向柱锁止控制模块后部螺栓

（7）从转向柱锁止控制模块托架拆卸转向柱锁止控制模块，见图3-4-14，将模块从上面移出托架。

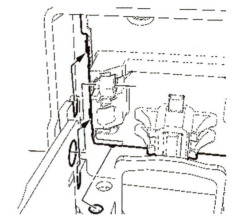

图3-4-14 拆卸后转向柱锁止控制模块螺栓

4.2 安装程序

注意：将定位销3插入定位孔。

（1）将模块移入至托架中的安装位置，安装转向柱锁止控制模块，见图3-4-15。

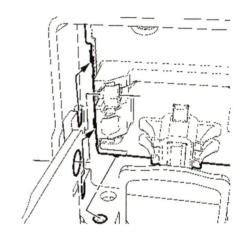

图3-4-15 安装下转向柱锁止控制模块螺栓

（2）安装并紧固后部的转向柱锁止控制模块螺栓2，见图3-4-16。

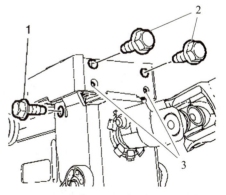

图3-4-16 安装后转向柱锁止控制模块螺栓

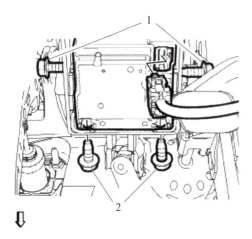

图 3-4-17 安装侧转向柱锁止控制模块螺栓

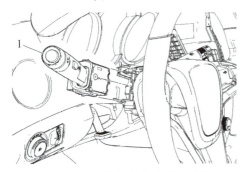

图 3-4-18 拆卸转向信号开关托架

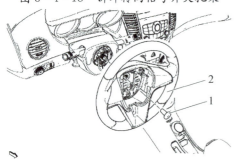

图 3-4-19 拆卸方向盘下盖螺栓

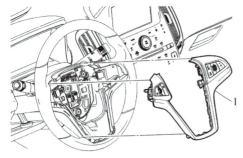

图 3-4-20 拆卸方向盘辐条下盖

(3) 安装并紧固侧面的转向柱锁止控制模块螺栓1,见图 3-4-17。

(4) 连接转向柱锁止装置的线束。

(5) 安装仪表板下装饰板盖。

(6) 安装仪表板外装饰盖。

(7) 连接蓄电池负极电缆。

(8) 维修或者更换之后,参见"控制模块参考"进行编程和设置。

5. 转向信号开关的更换

准备:拆下转向柱下装饰盖。

(1) 必要时,断开所有电气连接器。

(2) 分离塑料固定凸舌,以便将转向信号开关从开关托架上分离,见图 3-4-18。

6. 转向盘的更换

准备:安装充气式约束系统转向盘模块。

6.1 转向盘螺栓

(1) 清洁螺栓的螺纹。

(2) 在螺纹上涂抹锁止胶。拧紧力矩 30 N·m。

6.2 拆下转向盘

(1) 必要时,断开电气连接器。

(2) 小心地拆下转向盘。

7. 转向盘辐条下盖的更换

(1) 使用平刃工具拆下转向盘下盖和转向盘辐条上的部件,见图 3-4-19 和图 3-4-20。

(2) 必要时断开任意电气连接器。

(3) 必要时移开任何零件。

8. 转向柱的更换

8.1 拆卸程序

(1) 拆卸仪表板下装饰板盖。

(2) 拆下中间转向轴。

(3) 安装充气式约束系统转向盘模块。

(4) 拆下转向盘。
(5) 拆下转向柱上装饰盖。
(6) 拆下转向柱下装饰盖。
(7) 拆除转向盘转角传感器。
(8) 拆下安全气囊系统转向盘模块线圈。
(9) 拆卸转向信号开关。
(10) 拆卸风窗玻璃刮水器和洗涤器开关。
(11) 必要时,断开电气连接器。

注意事项

◇ 在倾斜度调节杆托架和转向柱基座间安装扎带,以免拉开转向柱套管。
◇ 转向柱拆卸和安装过程中,倾斜调节杆必须在锁止位置,以确保倾斜调节杆托架保持刚度。同时,在倾斜调节杆和转向柱套管周围安装扎带以保持倾斜调节杆在锁止位置。不要弯曲位于上转向柱安装托架的吸能式转向柱扎带。

(12) 如上所述安装扎带。
(13) 拆下并报废转向柱螺母1,见图3-4-21。

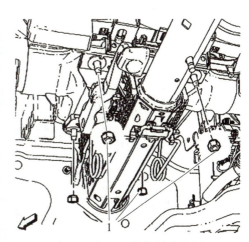

图 3-4-21 拆卸转向柱螺

(14) 拆下转向柱1,见图3-4-22。
(15) 对于装配有转向柱锁止控制模块的车辆,在更换转向柱时,将转向柱锁止控制模块转移至新的转向柱。

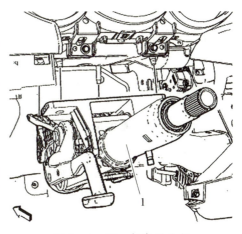

图 3-4-22 拆卸转向柱

8.2 安装程序

注意事项

◇ 在(使用工具)拧紧螺母之前,先用手拧紧所有螺母。
◇ 在安装过程中,不要弯曲位于上转向柱安装托架的吸能式转向柱扎带。

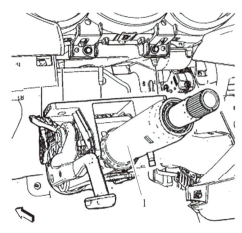

图 3-4-23 安装转向柱

(1)安装转向柱 1,见图 3-4-23。

(2)安装新的转向柱螺母 1,用 22 N·m 的力矩紧固,见图 3-4-24。

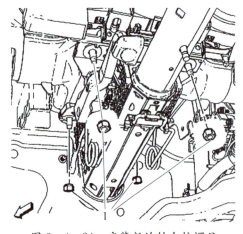

图 3-4-24 安装新的转向柱螺母

注意事项

◇ 为了确保在撞击中实现转向柱的应有功能,为了避免对驾驶人造成的人身伤害,请执行以下步骤:
(1)在紧固转向柱上紧固件之前,先紧固转向柱下紧固件,否则会损坏转向柱。
(2)按规定力矩紧固转向柱紧固件。过度紧固上转向柱紧固件会导致转向柱塌陷。

(3) 拆下扎带。
(4) 必要时,连接所有电气连接器。
(5) 安装风窗玻璃刮水器和洗涤器开关。
(6) 安装转向信号开关。
(7) 安装转向盘充气式约束模块线圈。
(8) 安装转向盘转角传感器。
(9) 安装转向柱下装饰盖。
(10) 安装转向柱上装饰盖。
(11) 安装转向盘。
(12) 安装充气式约束系统转向盘模块。
(13) 安装中间转向轴。
(14) 安装仪表板下装饰板盖。
(15) 校准转向盘转角传感器。

9. 转向盘转角传感器的更换

准备:拆下转向盘充气式约束模块线圈。

◇ 切勿旋转转向盘转角传感器。旋转转向盘转角传感器可能限制电子动力转向(EPS)系统的操作,造成人身伤害。

(1) 按下安全气囊系统转向盘模块时钟弹簧线圈的卡夹,以拆下传感器,见图3-4-25。
(2) 校准转向盘转角传感器。

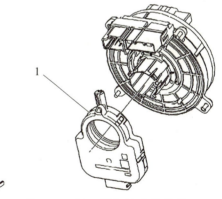

图3-4-25 拆卸转角传感器

10. 转向信号开关托架的更换

(1) 拆下转向盘。
(2) 拆下转向柱下装饰盖。
(3) 拆下并更换信号开关托架,见图3-4-26。
(4) 必要时,断开所有电气连接器。
(5) 必要时,更换零部件。

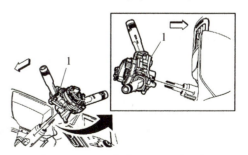

图3-4-26 拆卸转向开关托架

1. 转向盘和转向柱组成

转向盘由轮缘、轮辐、轮毂组成。转向柱由转向主轴和管柱组成。

2. 碰撞吸能作用和类型

现代汽车的转向柱大多装有碰撞吸能机构,当汽车紧急制动或发生撞车事故时吸收冲击能量,减轻或防止对驾驶人的伤害。碰撞吸能转向柱的类型有:弯曲托架式、网络状吸能式、轴向伸缩式、波纹管式吸能转向柱等。

3. 转向盘和转向柱拆装注意事项

(1) 拆装转向盘时如气囊展开,必须更换气囊模块、螺旋弹簧等附加充气保护装置部件。

(2) 进行气囊操作前要戴好手套和护目镜,断开蓄电池负极电缆。

(3) 为正确安装转向盘,拆卸时需标记转向柱轴到转向盘的装配标记。

(4) 拆卸转向柱时,注意转向柱从车上拆卸后极易损坏,影响转向柱的可伸缩式设计,需谨慎操作。

(5) 拆卸转向柱前需断开蓄电池负极电缆,如气囊未展开,等候 1 min 以取消气囊功能。

(6) 安装转向柱时,将转向盘辐条按对角线对中并朝下,且前轮处于正前位置,确保转向柱的正确安装。

(7) 安装转向柱时,支撑转向柱总成直到安装螺母紧固。禁止使转向柱总成自由垂吊而无支撑。

(一) 课堂练习

1. 判断题

(1) 当作用力从转向盘传到转向垂臂时称为逆向传动。(　　)

(2) 转向轴在车架上位置和倾斜角度是与汽车总体布置、悬架和转向桥结构有关的。(　　)

(3) 转向盘自由行程对于缓和路面冲击,使操纵柔和以及避免使驾驶人过度紧张是有利的。(　　)

2. 单选题

(1) 转向轴一般由一根(　　)制造。
  A. 空心轴   B. 实心轴   C. 无缝钢管   D. 无缝铁管

(2) 为了适应总布置的要求,有些汽车在转向盘和转向器之间由(　　)连接。
  A. 刚性轴   B. 万向传动轴   C. 柔性轴   D. 空心轴

（3）转向盘自由行程一般不超过（   ）。
   A. 10°～15°　　　　B. 15°～20°　　　　C. 20°～25°　　　　D. 25°～30°
（4）转向盘自由行程过大原因是（   ）。
   A. 转向器传动副的啮合间隙过大
   B. 转向传动机构各连接处松旷
   C. 转向节主销与衬套的配合间隙过大
   D. 转向节主销与衬套的配合间隙过小

(二) 技能评价

表 3-4-1 技能评价表

序号	内　　容	分值	得分
1	中间转向轴的更换	10	
2	转向柱上装饰盖的更换，转向柱下装饰盖的更换	10	
3	转向柱锁止控制模块的更换	10	
4	转向信号开关的更换	10	
5	转向盘的更换，转向盘辐条下盖的更换	10	
6	转向柱的更换	10	
7	转向盘转角传感器的更换	10	
8	转向信号开关托架的更换	10	
9	按照规范流程进行拆装作业	10	
10	完成"6S"作业	10	
	总分	100	

（注：操作规范即得分，操作错误或未进行操作即 0 分）

学习拓展

电子控制动力转向(简称 EPS)系统在低速行驶时可使转向轻便、灵活;当汽车在中高速区域转向时,又能保证提供最优的动力放大倍率和稳定的转向手感,从而提高了高速行驶的操纵稳定性。

1. 电控动力转向系统的组成

电控动力转向系统主要由转向柱、传动轴、电动机、转矩传感器、ECU 等部分组成,如图 3-5-1 所示。

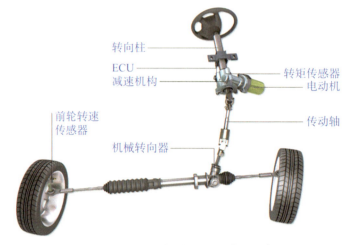

图 3-5-1 电控动力转向系统组成

2. 电控动力转向系统的分类

根据动力源的不同,电子控制动力转向系统可分为液压式电子控制动力转向系统(液压式 EPS)和电动式电子控制动力转向系统(电动式 EPS)(图 3-5-2)。

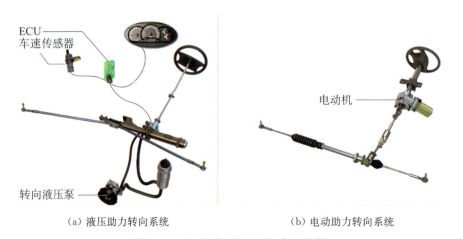

(a) 液压助力转向系统　　　　(b) 电动助力转向系统

图 3-5-2 电控动力转向系统分类

液压式 EPS 在传统的液压动力转向系统的基础上增设了控制液体流量的电磁阀、车速传感器和 ECU 等。ECU 根据检测到的车速信号，控制电磁阀，使转向动力放大倍率实现连续可调，从而满足汽车在中、低速时的转向助力要求。

电动式 EPS 是利用直流电动机作为动力源，ECU 根据转向参数和车速等信号，控制电动机转矩的大小和方向。

项目四　制动系统构造与拆装

项目导入

驾驶人能根据道路和交通情况,利用装在汽车上的一系列专门装置,迫使路面在汽车车轮上施加一定的与汽车行驶方向相反的外力,对汽车进行一定程度的强制制动。这一系列专门装置称为制动系统。

本项目主要通过对制动系统主要机件的拆装作业,让学生认识以及理解其主要机件的结构和原理。

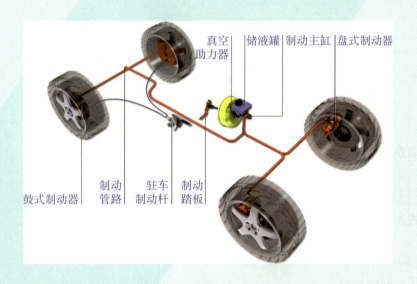

学习目标

素养目标
- 了解安全操作要求,养成安全文明操作的习惯。
- 养成组员之间互相协作的习惯。
- 实施操作结束后,清洁工具,并将工具设备归位,清洁场地。

技能目标
- 正确使用工具对制动系统各主要组成部分进行拆装。

知识目标
- 描述制动系统的结构组成和相互之间的安装关系。
- 简要概述制动系统主要总成的结构特点和工作过程。
- 根据工艺标准对制动系统主要总成和零部件进行拆卸和安装。

学习任务

学习任务 1
◇ 制动系统的认识

学习任务 2
◇ 盘式制动器拆装

学习任务 3
◇ 鼓式制动器拆装

学习任务 4
◇ 制动主缸和助力器拆装

项目四 制动系统构造与拆装

学习任务 1　制动系统的认识

任务目标
◎ 用自己的语言描述制动系统的功用。
◎ 简要概述制动系统的工作原理和分类。
◎ 在 20 min 内,顺利地从实车上识别出制动系统的各部分组成。

学习重点
◎ 制动系统各组件拆装的内容及方法。

1. 制动系统的功用

为了在技术上保证汽车的安全行驶,提高汽车的平均行驶速度,汽车上都设有专用的制动系统,使行驶中的汽车减速或在最短距离内停车,并可使汽车可靠地停放在原地(包括在坡道上)保持不动。

2. 制动系统组成

汽车制动系统主要由以下各部分组成,如图 4-1-1 所示。

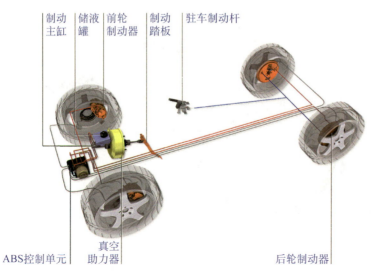

制动系统概述

图 4-1-1　制动系统组成

(1) 供能装置——包括供给、调节制动所需能量以及改善传能介质状态的各种部件。其中产生制动能量的部分称为制动能源。人的身体也可作为制动能源。

(2) 控制装置——包括产生制动动作和控制制动效果的各种部件，如制动踏板、制动阀等。

(3) 传动装置——包括将制动能量传输到制动器的各个部件，如制动主缸和制动轮缸等。

(4) 制动器——产生制动摩擦力矩的部件。

较为完善的制动系统还具有制动力调节装置、报警装置、压力保护装置等附加装置。

3. 制动系统的工作原理

在人力作用下，制动蹄对制动鼓作用一定的制动摩擦力矩即制动器制动力矩 M_μ，在 M_μ 的作用下，车轮将对地面作用一个向前的力 F_μ，地面对车轮作用一个向后的反作用力 F_B，F_B 即为地面对车轮的制动力，如图 4-1-2 和图 4-1-3 所示。

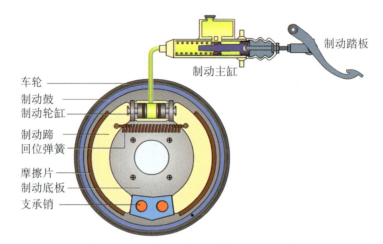

图 4-1-2 制动系统工作原理（制动前）

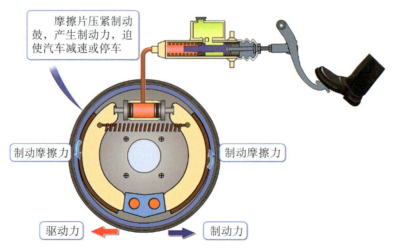

图 4-1-3 制动系统工作原理（制动时）

4. 制动系统的类型

（1）按制动系统的功用分类。

汽车制动系统按制动系统功用可分为行车制动系统和驻车制动系统，如图 4-1-4 所示。

① 行车制动系统——使行驶中的汽车减低速度甚至停车的一套专门装置。

② 驻车制动系统——使已停驶的汽车驻留原地不动的一套装置。

认识驻车制动装置

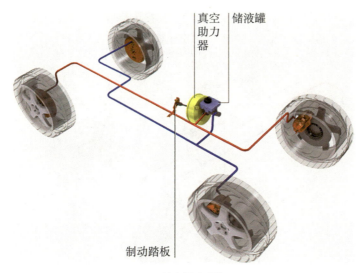

(a) 行车制动系统

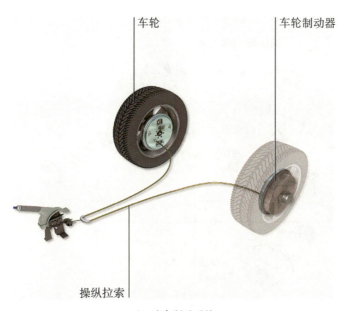

(b) 驻车制动系统

图 4-1-4　按功用分类的制动系统

（2）按制动能量的传输方式分类。

按照制动能量的传输方式，制动系统又可分为液压式制动系统和气压式制动系统等。同时采用两种传能方式的制动系统可称为组合式制动系统，如气顶液制动系统，如图 4-1-5 所示。

目前所有汽车都采用双回路制动系统，如轿车的左前轮和右后轮共用一条制动回路，右前轮和左后轮共用另一条制动回路，当一个回路失效时，另一个回路仍能工作，这样有效提高了汽车的行车安全性。

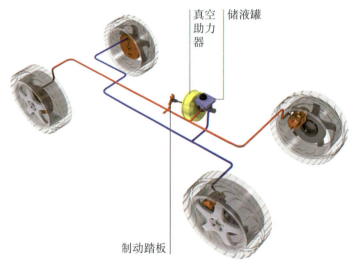

（a）液压式制动系统

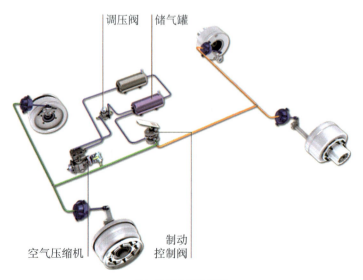

（b）气压式制动系统

图 4-1-5　按制动能量的传输方式分类的制动系统

 **任务实施**

（一）实施方案

1. 质量要求

参照 2013 款 1.6 L 自动挡科鲁兹轿车厂家的质量标准要求。

2. 组织方式

每四位同学一组，查看 2013 款 1.6 L 自动挡科鲁兹轿车上的制动系统，每组作业时间为 20 min。

3. 作业准备

（1）技术要求与标准：

① 习惯性使用"三件套"、发动机舱防护罩等汽车防护物品，养成良好职业习惯；

② 养成"采取安全防护措施维修作业"的习惯；

③ 养成工具、零部件、油液"三不落地"的职业习惯，工具及拆下的零部件等都应整齐地放置在工具车及零件盘中。

（2）设备器材如图 4-1-6 所示。

（a）常用工具（一套）

（b）举升机

图 4-1-6　设备器材

（3）场地设施：有消防设施的场地。

（4）设备设施：2013 款 1.6 L 自动挡科鲁兹轿车一辆、举升机、工具车、零件车、标保工具车、垃圾桶等。

（5）耗材：干净抹布、清洁剂。

（二）操作步骤

识别底盘制动系统的组成部件：

（1）打开车门，罩好"三件套"，拉动发动机舱盖手柄。

（2）在驾驶室内，找出制动踏板、驻车制动杆，观察其所在的位置。

制动踏板检查与调整

(3) 打开发动机舱盖,罩好发动机舱防护罩,拆下发动机护板。
(4) 找出真空助力器,观察其所在的位置。
(5) 找出制动主缸,观察其所在的位置。
(6) 找出储液罐,观察其所在的位置。
(7) 按照举升机的操作要求采取相应的安全防护措施,用举升机举起汽车。
(8) 在科鲁兹底盘台架上观察车轮制动器的外形及结构。
(9) 将汽车及举升机复位,并检查复位状况是否良好。

任务小结

(1) 汽车制动系统的作用是使行驶中的汽车减速或在最短距离内停车,并可使汽车可靠地停放在原地(包括在坡道上)保持不动。

(2) 汽车制动系统主要由以下各部分组成:供能装置、控制装置、传动装置、制动器。较为完善的制动系统还具有制动力调节装置、报警装置、压力保护装置等附加装置。

(3) 汽车制动系统按制动系统功用可分为行车制动装置和驻车制动装置;按照制动能量的传输方式,制动系统又可分为液压式制动系统和气压式制动系统等。

任务评价

(一) 课堂练习

1. 判断题

(1) 目前所有汽车都采用双回路制动系统,当一个回路失效时,另一个回路仍能工作,这样有效提高了汽车的行车安全性。(　　)

(2) 行车制动系统是使行驶中的汽车增加速度的一套专门装置。(　　)

2. 单选题

(1) 制动主缸和制动轮缸属于制动系统的(　　)。
　　A. 供能装置
　　B. 传动装置
　　C. 控制装置
　　D. 制动器

(2) 在汽车制动系统中的制动器的作用是(　　)。
　　A. 产生制动能量
　　B. 产生制动作和控制制动效果
　　C. 将制动能量传输到制动器的各个部件
　　D. 产生制动摩擦力矩的部件

(二) 技能评价

表 4-1-1 技能评价表

序号	内　　容	分值	得分
1	罩好"三件套",拉动发动机舱盖手柄	5	
2	在驾驶室找出制动踏板、驻车制动杆	15	
3	打开发动机舱盖,罩好发动机舱防护罩,拆下发动机护板	5	
4	找出发动机舱内的真空助力器	10	
5	找出发动机舱内的制动主缸	20	
6	找出发动机舱内的储液罐	20	
7	按照操作要求举起汽车	5	
8	在科鲁兹底盘台架上找出车轮制动器	15	
9	将汽车及举升机复位	5	
	总分	100	

(注:操作正确即得分,操作错误或未进行操作即 0 分)

学习任务 2　盘式制动器拆装

任务目标

任务目标
◎ 说出制动器的分类。
◎ 简要概括钳盘式制动器的组成和工作原理。
◎ 叙述盘式制动器的优点和缺点。
◎ 在 20 min 内顺利完成对盘式制动器的拆装。

学习重点
◎ 盘式制动器拆装的内容及方法。

知识准备

制动器按照结构可分为鼓式制动器和盘式制动器；按安装位置可分为车轮制动器和中央制动器。车轮制动器可用于行车制动和驻车制动，而中央制动器只用于驻车制动和缓速制动。

1. 盘式制动器

盘式制动器主要有钳盘式制动器和全盘式制动器两种，其中钳盘式制动器更常用。钳盘式制动器的旋转元件是制动盘，固定元件是制动钳。

钳盘式制动器的旋转元件是制动盘，固定元件是制动钳。钳盘式制动器主要有定钳盘式制动器和浮钳盘式制动器两种。

（1）定钳盘式制动器。

定钳盘式制动器的制动钳安装在车桥上，它既不能旋转，也不能沿制动盘轴线方向移动，因而必须在制动盘两侧的钳体中都装设制动块促动装置，以便分别将两侧的制动块压向制动盘，其结构组成如图 4-2-1 所示。

定钳盘式制动器的工作原理如图 4-2-2 所示。

钳盘式制动器的活塞密封圈除了起密封作用外，还兼起活塞回位作用和调整间隙的作用。正常制动时，密封圈发生弹性变形，解除制动时，密封圈恢复变形，带动活塞一起回位。当制动器间隙过大时，活塞相对密封圈移动，回位时移动部分不可恢复，移动量即为所调整的间隙量。

定钳盘式制动器存在的缺点：

图4-2-1 定钳盘式制动器结构

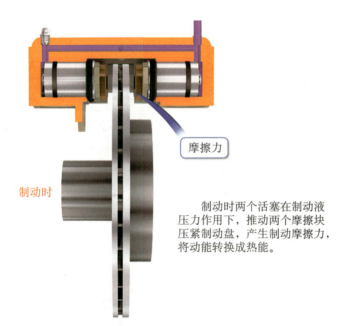

图4-2-2 定钳盘式制动器工作原理

① 液压缸较多,使制动钳结构复杂;
② 液压缸分置于制动盘两侧,必须用跨越制动盘的钳内油道或外部油管来连通,这必然使得制动钳的尺寸过大,难以安装在现代化轿车的轮辋内;
③ 热负荷大时,液压缸(特别是外侧液压缸)和跨越制动盘的油管或油道中的制动液容易受热汽化;
④ 若要兼用于驻车制动,则必须加装一个机械促动的驻车制动钳。

由于上述缺点,定钳盘式制动器目前使用较少。

（2）浮钳盘式制动器。

浮钳盘式制动器的制动钳一般设计得可以相对制动盘轴向滑动或摆动。它只在制动盘的内侧设置液压缸，外侧的制动块附装在钳体上。按制动钳的运动方式不同，浮钳盘式制动器又可分为滑动钳盘式制动器和摆动钳盘式制动器，其中滑动钳盘式制动器应用更广，其结构如图 4-2-3 所示。

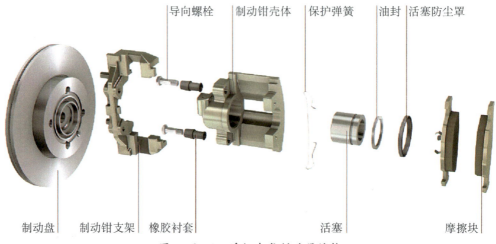

图 4-2-3　浮钳盘式制动器结构

滑动钳盘式制动器实施制动时，液压力使活塞伸出，推动制动片，制动片压向制动盘的内侧表面。制动盘反作用于活塞上的压力使卡钳沿着导轨向内侧移动。卡钳的移动对外侧的制动片施加了压力，使得制动片压向制动盘外侧表面上。于是两侧的制动片都压向制动盘的表面，逐渐增大的制动摩擦力使车轮停止转动。

滑动钳盘式制动器其工作原理如图 4-2-4 所示。

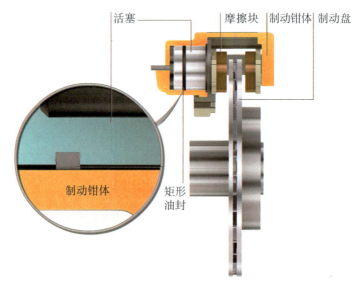

(a) 制动前

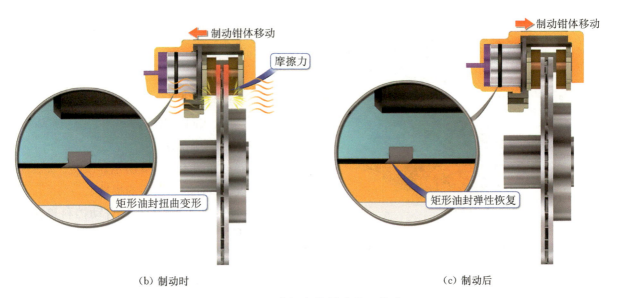

(b) 制动时　　　　　　　　　　(c) 制动后

图 4-2-4　浮钳盘式制动器工作原理

2. 全盘式制动器

全盘式制动器摩擦副的固定元件和旋转元件都是圆盘形的,分别称为固定盘和旋转盘,其工作原理与摩擦离合器相似。

3. 盘式制动器的优缺点分析

(1) 盘式制动器与鼓式制动器相比具有的优点:

① 盘式制动器无摩擦助势作用,制动力矩受摩擦系数的影响较小,即热稳定性好;

② 盘式制动器浸水后效能降低较少,而且只需经一两次制动即可恢复正常,即基本不存在水衰退问题;

③ 在输出相同制动力矩的情况下,盘式制动器尺寸和质量一般较小;

④ 制动盘沿厚度方向的热膨胀量极小,不会像制动鼓的热膨胀那样使制动器间隙明显增加而导致制动踏板行程过大;

⑤ 较容易实现间隙自动调整,其他维修作业也较简便。

(2) 盘式制动器存在的缺点:

① 效能较低,所需制动促动管路压力较高,一般要用伺服装置;

② 兼用于驻车制动时,需要加装的驻车制动传动装置,较鼓式制动器复杂。

 任务实施

(一) 实施方案

1. 质量要求

参照 2013 款 1.6 L 自动挡科鲁兹轿车厂家的质量标准要求。

2. 组织方式

每四位同学一组，能够规范使用盘式制动器拆装工具，按照企业岗位操作规范对盘式制动器进行拆装作业。每组作业时间为 20 min。

3. 作业准备

图 4-2-5　常用工具（一套）

（1）技术要求与标准：

① 掌握常见盘式制动器的拆卸和装配技能。

② 能按要求更换制动片。

（2）设备器材如图 4-2-5 所示。

（3）场地设施：有消防设施的场地。

（4）设备设施：2013 款 1.6 L 自动挡科鲁兹轿车一辆、工具车、零件车、标保工具车、垃圾桶等。

（5）耗材：干净抹布、清洁剂等。

盘式制动器的拆卸与安装

（二）操作步骤

1. 拆卸车轮

1.1　安装举升臂

图 4-2-6　安装左侧举升臂

（1）安装右侧举升臂，将垫块安放在车辆举升点正下方的举升平板上面。

（2）安装左侧举升臂，见图 4-2-6。

注意事项

◇ 车辆的举升点在车辆底座两个凹槽处。
◇ 举升机垫块须整块在举升平板内，不允许垫块部分在平板外。
◇ 车身较长的车辆，可拉动举升平板的延长部分安放垫块。

1.2　拆卸轮胎

图 4-2-7　拧松轮胎固定螺栓

（1）选用合选的工具，接杆和 19 mm 套筒对角多次拧松轮胎固定螺栓，见图 4-2-7。

项目四 制动系统构造与拆装 197

> **注意事项**
> ◇ 轮胎的固定螺栓必须使用对角多次拧松的方法进行操作。

（2）解除驻车制动。
（3）举升车辆。
（4）检查举升垫块的位置,见图4-2-8。

图4-2-8 检查举升垫块的位置

> **注意事项**
> ◇ 如果位置不合适,必须进行调整。

（5）继续举升车辆至轮胎离地。
（6）将车辆举升至合适的高度,确认举升机锁止可靠。
（7）使用合适的工具旋出轮胎固定螺栓,见图4-2-9。
（8）取下轮胎。

图4-2-9 旋出轮胎固定螺栓

> **注意事项**
> ◇ 旋至最后一颗螺栓时,需要用手扶着轮胎,避免轮胎滑落。

2. 拆卸前制动块

（1）选用19 mm扳手固定制动卡钳回位销,选用10 mm扳手拆卸制动卡钳固定螺栓。
（2）用手取下固定螺栓。
（3）拉起制动卡钳。
（4）取下两块制动块,见图4-2-10。

图4-2-10 取下制动块

拆卸前制动块

> **注意事项**
> ◇ 拆卸时,注意工具的使用,避免损坏固定螺栓。

安装制动块

图 4-2-11 安装制动器固定螺栓

3. 安装制动块
(1) 安装两块制动块。
(2) 将制动器卡钳安装到转向节上。
(3) 安装制动器固定螺栓,见图 4-2-11。

图 4-2-12 预紧制动卡钳固定螺栓

(4) 选用 19 mm 扳手固定制动卡钳回位销,选用 10 mm 扳手预紧制动卡钳固定螺栓,见图 4-2-12。
(5) 根据维修手册使用扭力扳手将制动卡钳固定螺栓紧固至 28 N·m。

标准力矩:28 N·m。

图 4-2-13 用手旋入轮胎固定螺栓

4. 安装轮胎
(1) 将轮胎安装到轮毂上。
(2) 用手旋入固定螺栓,见图 4-2-13。
(3) 选用合适的工具将轮胎螺栓预紧。

> **注意事项**
> ◇ 轮胎必须预紧后才能降落到地面,否则,轮辋可能变形。

图 4-2-14 紧固轮胎固定螺栓

(4) 将举升机解锁。
(5) 降落到地上但举升机不完全放下。
(6) 放置车轮挡块。
(7) 选用扭力扳手根据维修手册将轮胎固定螺栓紧固至 140 N·m,见图 4-2-14。

标准力矩:140 N·m。

任务小结

1. 制动系统的功用和组成
制动系统的功用主要是使汽车减速乃至停车,以及使汽车可靠地驻留在停车位置。制动系统由供能装置、控制装置、传动装置及制动器四部分组成。

2. 制动系统的分类
制动系统根据功用可分为行车制动系统、驻车制动系统、第二制动系统及辅助制动装置;按照制动动力源还可分为人力制动系统、动力制动系统和伺服制动系统,以及专门用于挂车的惯性制动系统和重力制动系统。

3. 制动器的分类和工作原理
制动器多为摩擦式,按功用分为车轮制动器及驻车制动器两大类。不论何种制动器均包括固定元件、旋转元件、张开装置及定位调整机构四部分。根据旋转元件不同,制动器又分为鼓式和盘式两大类。车轮制动器工作时,张开装置使与车轮相连的旋转元件压紧固定元件,通过二者之间的摩擦作用使车轮减速直至车轮停转。

4. 盘式制动器分类
盘式车轮制动器根据固定元件不同分为钳盘式和全盘式两种,前者使用较多。钳盘式又分为定钳盘式和浮钳盘式,浮钳盘式制动钳可沿滑销相对于制动盘作轴向滑动,只需布置单侧液压缸,因此其轴向尺寸小、不易产生气阻。目前车辆上使用的多为浮钳盘式。

(一) 课堂练习

1. 判断题

(1) 盘式制动器主要有钳盘式和全盘式两种。(　　)

(2) 定钳盘式制动器特点是制动盘两侧的制动块用两个液压缸同时促动。(　　)

(3) 钳盘式制动器的活塞密封圈除了起密封作用外,还兼起活塞回位作用和调整间隙的作用。(　　)

(4) 滑动钳盘式制动器的特点是:制动钳可以相对制动盘作轴向滑动;只在制动盘的内侧设置液压缸,而外侧的制动块则附装在钳体上。(　　)

(5) 汽车上都装有排气制动装置。(　　)

2. 单选题

(1) 以下不是制动系统分类的是(　　)。

　　A. 行车制动系统　　　　　　　　B. 驻车制动系统

  C. 辅助制动装置   D. 人力制动装置
（2）以下不是制动器结构组成的是（ ）。
  A. 固定元件   B. 旋转元件
  C. 定位调整机构   D. 锁紧装置
（3）以下不是液压制动系统组成部分的是（ ）。
  A. 供能装置   B. 控制装置
  C. 手传动装置   D. 制动器

（二）技能评价

表 4-2-1　技能评价表

序号	内　　容	分值	得分
1	检查制动液液位	10	
2	拆装轮胎总成	5	
3	拆装制动钳下导销螺栓	10	
4	从制动钳托架拆装下制动片	10	
5	使用专用工具将制动器活塞推入制动钳孔中	10	
6	拆装制动片固定弹簧	10	
7	清洁制动钳托架和制动盘	15	
8	安装制动片后,踩下制动踏板并检查制动液液位	10	
9	按照规范流程进行拆装作业	10	
10	完成"6S"作业	10	
	总分	100	

（注：操作正确即得分,操作错误或未进行操作即 0 分）

学习任务 3　鼓式制动器拆装

任务目标

任务目标
- 说出轮缸式制动器的分类,并简要概括每种类型的组成结构和工作原理。
- 简要概括凸轮式制动器的结构。
- 用自己的语言概括楔式制动器的结构和工作原理。
- 在 20 min 内完成对鼓式制动器的拆装。

学习重点
- 鼓式制动器拆装的内容及方法。

知识准备

鼓式制动器的旋转元件是制动鼓,固定元件是制动蹄,制动时制动蹄在促动装置作用下向外旋转,外表面的摩擦片压靠到制动鼓的内圆柱面上,对制动鼓产生制动摩擦力矩。

凡对制动蹄端加力使制动蹄转动的装置统称为制动蹄促动装置,制动蹄促动装置有轮缸、凸轮和楔。

以液压制动轮缸作为制动蹄促动装置的制动器称为轮缸式制动器;以凸轮作为促动装置的制动器称为凸轮式制动器;用楔作为促动装置的制动器称为楔式制动器。

1. 轮缸式制动器

1.1 领从蹄式制动器

领从蹄式制动器的特点是两个制动蹄各有一个支点,一个蹄在轮缸促动力作用下张开时的旋转方向与制动鼓的旋转方向一致,称为领蹄;另一个蹄张开时的旋转方向与制动鼓的旋转方向相反,称为从蹄。其结构如图 4-3-1 所示。

制动时,两蹄在制动轮缸中液压的作用下,各自绕其支撑销偏心轴颈的轴线向外旋转,紧压到制动鼓上。解除制动时,撤除液压,两蹄便在回位弹簧的作用下回位。如图 4-3-2 所示。

领蹄在摩擦力的作用下,制动蹄和制动鼓之间的正压力较大,制动作用较强。从蹄在摩擦力的作用下,制动蹄和制动鼓之间的正压力较小,制动作用较弱。两个制动蹄受到的轮缸促动力相等,称为等促动力制动器。领从蹄式制动器的两个制动蹄作用在制动鼓上的法向反力大小不等,这种制动器称为非平衡式制动器。

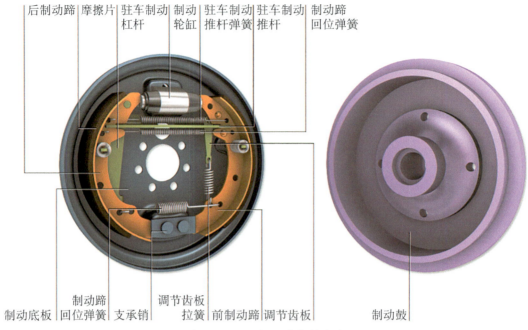

图4-3-1 领从蹄式制动器

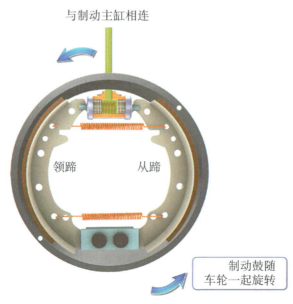

(a) 制动前

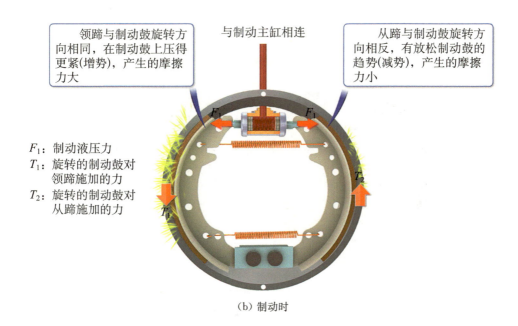

(b) 制动时

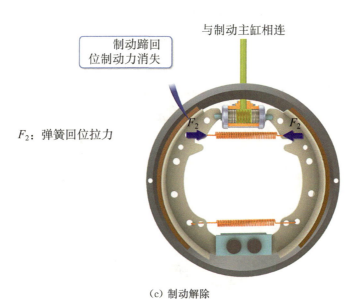

(c) 制动解除

图 4-3-2 领从蹄式制动器工作原理

1.2 双领蹄和双向双领蹄式制动器

汽车前进时两个制动蹄均为领蹄的制动器称为双领蹄式制动器,其结构如图4-3-3所示。

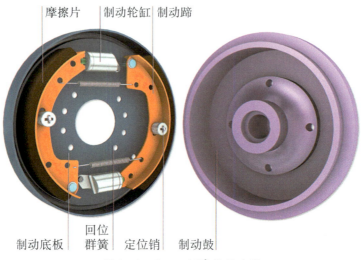

图4-3-3 双领蹄式制动器

双领蹄式制动器的结构特点是每一制动蹄都用一个单活塞制动轮缸促动,固定元件的结构布置是中心对称式。

双向双领蹄式制动器使用了两个双活塞轮缸,无论汽车前进还是倒车,都是双领蹄式制动器,故称双向双领蹄式制动器,其工作原理如图4-3-4和图4-3-5所示。

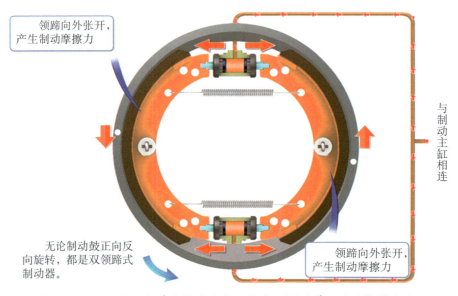

图4-3-4 双向双领蹄式制动器的工作原理(制动蹄正向旋转制动时)

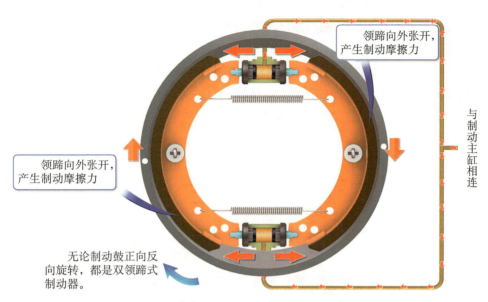

图4-3-5 双向双领蹄式制动器的工作原理（制动蹄反向旋转制动时）

1.3 双从蹄式制动器

汽车前进时两个制动蹄均为从蹄的制动器为双从蹄式制动器。

双领蹄、双向双领蹄、双从蹄式制动器固定元件的布置都是中心对称，两制动蹄作用在制动鼓上的法向反力大小相等、方向相反、相互平衡，这种形式的制动器为平衡式制动器。

1.4 单向和双向自增力式制动器

自增力式制动器的结构如图4-3-6所示。

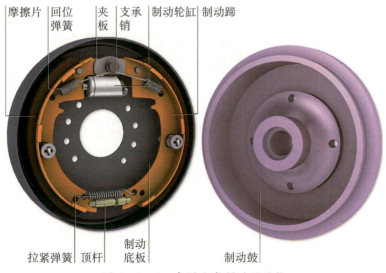

图4-3-6 自增力式制动器结构

单向自增力式制动器的两个制动蹄只有一个单活塞的制动轮缸,第二制动蹄的促动力来自第一制动蹄对顶杆的推力,两个制动蹄在汽车前进时均为领蹄,但倒车时能产生的制动力很小,如图4-3-7所示。

双向自增力式制动器的特点是两个制动蹄的上方有一个双活塞制动轮缸,轮缸的上方还有一个制动蹄支承销,两制动蹄的下方用顶杆相连。无论汽车前进还是倒车,都与自增力式制动器相当,故称双向自增力式制动器,如图4-3-8所示。

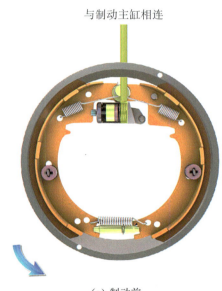

(a) 制动前

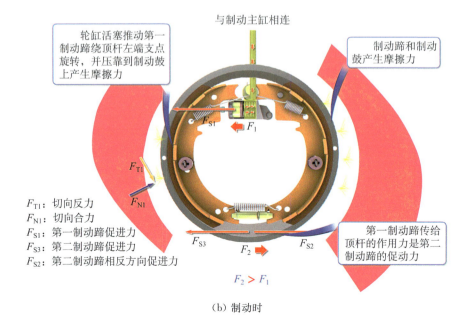

F_{T1}:切向反力
F_{N1}:切向合力
F_{S1}:第一制动蹄促进力
F_{S3}:第二制动蹄促进力
F_{S2}:第二制动蹄相反方向促进力

$F_2 > F_1$

(b) 制动时

项目四 制动系统构造与拆装 207

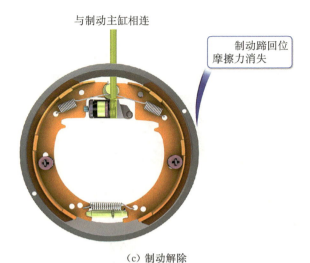

（c）制动解除

图 4-3-7 单向自增式制动器的工作原理

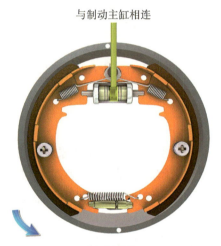

（a）制动前

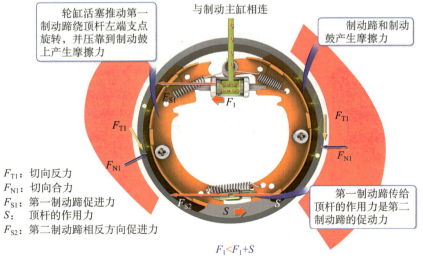

F_{T1}：切向反力
F_{N1}：切向合力
F_{S1}：第一制动蹄促进力
S：顶杆的作用力
F_{S2}：第二制动蹄相反方向促进力

$F_1 < F_1 + S$

（b）制动时

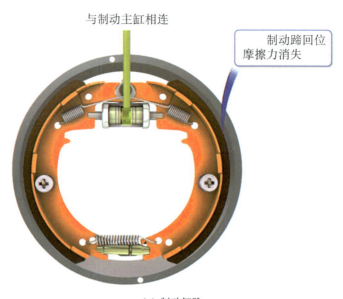

(c) 制动解除

图 4-3-8 双向自增力式制动器的工作原理

1.5 制动器间隙的调整

制动器间隙是指在不制动时,制动鼓和制动蹄摩擦片之间的间隙。

制动器间隙过小,不能保证完全解除制动,此间隙过大,制动器反应时间过长,直接威胁到行车安全。制动器在使用过程中,随着摩擦片的磨损,制动器间隙会变大,要求制动器必须有检查和调整间隙的可能。

现在很多汽车的制动器都装有制动器间隙自动调整装置,它可以保证制动器间隙始终处于最佳状态,不必经常人工检查和调整。

(1) 摩擦限位式间隙自调装置。

用以限定不制动时制动蹄内极限位置的限位摩擦环装在轮缸活塞内,限位摩擦环是一个有切口的弹性金属环,压装入轮缸后与缸壁之间的摩擦力可达 400～550 N。

如果制动器间隙过大,活塞向外移动靠在限位环上仍不能正常制动,活塞将在油压作用下克服制动环与缸壁间的摩擦力继续向外移动,摩擦环也被带动外移,解除制动时,制动器复位弹簧不可能带动摩擦环回位,也即活塞的回位受到限制,制动器间隙减小。如图 4-3-9 和图 4-3-10 所示。

摩擦限位式间隙自调装置也可以装在制动蹄上,其工作原理与装在轮缸内的摩擦限位环相似。

(2) 楔块式间隙自调装置。

桑塔纳轿车的制动器间隙主要依靠楔形调节块调整。

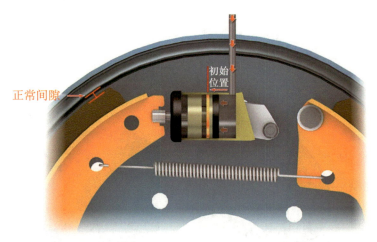

图4-3-9 利用摩擦环间隙自动调装置的工作原理（正常间隙）

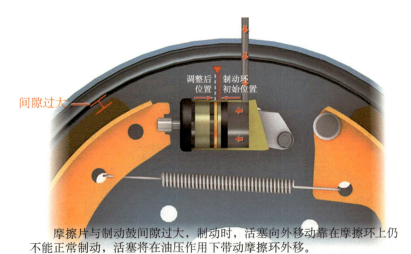

摩擦片与制动鼓间隙过大，制动时，活塞向外移动靠在摩擦环上仍不能正常制动，活塞将在油压作用下带动摩擦环外移。

解除制动时，回位弹簧不能使摩擦环回位，活塞回位受限，摩擦片与制动鼓间隙减小。

图4-3-10 利用摩擦环间隙自动调装置的工作原理（间隙过大）

2. 凸轮式制动器

凸轮式制动器是用凸轮取代制动轮缸对两制动蹄起促动作用，通常利用气压使凸轮转动，其结构如图4-3-11所示。

凸轮制动器制动调整臂的内部为蜗轮蜗杆传动，蜗轮通过花键与凸轮轴相连。正常制动时，制动调整臂体带动蜗杆绕蜗轮轴线转动，蜗杆又带动蜗轮转动，从而使凸轮旋转，张开制动蹄起制动作用。

制动调整臂除了具有传力作用外，还可以调整制动器的间隙。当需要调整制动器间隙时，制动调整臂体（也是蜗轮蜗杆传动的壳体）固定不动，转动蜗杆，蜗杆带动蜗轮旋转，从而改变了凸轮的原始角位置，达到了调整目的。

图 4-3-11 凸轮式制动器结构

3. 楔式制动器

楔式制动器的制动蹄依靠在柱塞上,柱塞内端面是斜面,与支于隔离架两边槽内的滚轮接触,如图 4-3-12 所示。

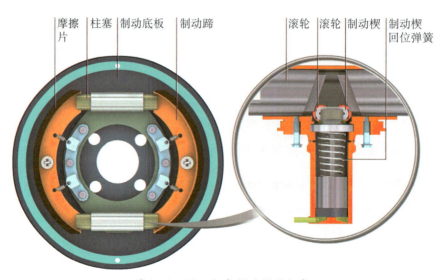

图 4-3-12 楔式制动器的组成

制动时,轮缸活塞在液压作用下使制动楔向内移动,制动楔又使二滚轮一面沿柱塞斜面向内滚动,一面使二柱塞在制动底板的孔中向外移动一定距离,从而使制动蹄压靠到制动鼓上。轮缸液压一旦撤除,这一系列零件即在制动蹄复位弹簧的作用下各自复位,如图 4-3-13 所示。

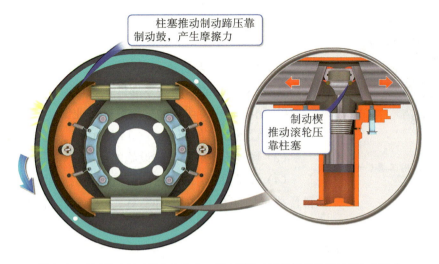

制动时,油压推动制动楔向左移动,制动楔推动滚轮压靠柱塞斜面向内滚动。
解除制动时,油液回位、在制动楔回位弹簧作用下,制动楔回位,滚轮和柱塞回位。

(a) 制动时

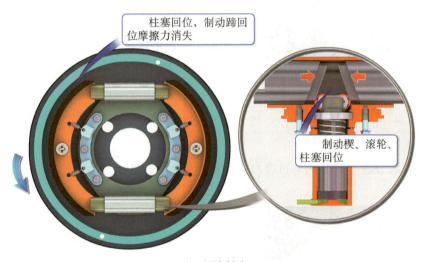

(b) 解除制动

图 4-3-13 楔式制动器的工作原理

（一）实施方案

1. 质量要求

参照 2013 款 1.6 L 自动挡科鲁兹轿车厂家的质量标准要求。

2. 组织方式

每四位同学一组,能够规范使用鼓式制动器拆装工具,按照企业岗位操作规范对鼓式制动器进行拆装作业。每组作业时间为 20 min。

3. 作业准备

(1) 技术要求与标准：

① 制动系统的制动器零部件认识。

② 制动器的制动蹄拆装与更换作业。

(2) 设备器材如图 4-3-14 所示。

(3) 场地设施：有消防设施的场地。

(4) 设备设施：2013 款 1.6 L 自动挡科鲁兹轿车一辆、科鲁兹车型底盘相关专用工具、工具车、零件车、标保工具车、垃圾桶等。

图 4-3-14　常用工具(一套)

(5) 耗材：干净抹布、清洁剂等。

(二) 操作步骤

图 4-3-15　旋出制动鼓固定螺栓

1. 拆卸制动鼓

(1) 选用棘轮扳手、接杆和 T30 套筒拧松制动鼓固定螺栓。

(2) 旋出制动鼓固定螺栓，见图 4-3-15。

(3) 取下制动鼓。

◇ 切勿拉长调节器弹簧。如果过度拉伸弹簧，可能发生损坏。

图 4-3-16　拆卸调节弹簧

2. 拆卸制动蹄片

(1) 选用合适的工具拆卸调节弹簧，见图 4-3-16。

◇ 因为调节弹簧处于工作状态，拆卸时，应小心避免损坏制动轮缸。

◇ 拆卸时，调节弹簧有可能会弹出，应小心避免对人体造成伤害。

（2）取下调节器总成。

（3）取下调节器执行杆，见图4-3-17。

（4）选用合适的工具拆卸后制动蹄片限位弹簧。

图4-3-17　取出调节器执行杆

◇ 拆卸时，限位弹簧有可能会弹出，应小心避免对人体造成伤害。

（5）取下制动蹄限位弹簧帽和限位弹簧。

（6）从驻车制动拉索上取下后制动蹄片。

（7）取下制动蹄片回位弹簧，见图4-3-18。

图4-3-18　取下回位弹簧

（8）选用合适的工具拆卸前制动蹄片限位弹簧。

（9）取下制动蹄片限位弹簧帽和限位弹簧，见图4-3-19。

（10）取下前制动蹄片。

图4-3-19　取下限位弹簧帽

3. 安装制动蹄片

（1）安装制动蹄片。

（2）安装限位弹簧销。

（3）安装限位弹簧。

（4）安装限位弹簧帽，选用合适的工具将限位弹簧帽安装到位，见图4-3-20。

图4-3-20　安装限位弹簧帽

注意事项

◇ 安装时，限位弹簧有可能会弹出，应小心避免对人体造成伤害。

图 4-3-21　安装制动蹄片

（5）将限位弹簧安装至前后制动蹄片之间。
（6）将后制动蹄片驻车制动机构安装到驻车制动拉索上。
（7）安装制动蹄片，见图 4-3-21。

图 4-3-22　安装限位弹簧帽

（8）安装限位弹簧销。
（9）安装限位弹簧。
（10）安装限位弹簧帽，见图 4-3-22。
（11）选用合适的工具将限位弹簧帽安装到位。

注意事项

◇ 安装时，限位弹簧有可能会弹出，应小心避免对人体造成伤害。

图 4-3-23　安装调节器总成

（12）安装调节器执行杆。
（13）安装调节器总成，见图 4-3-23。
（14）安装调节弹簧，使用合适的工具将调节弹簧安装到位。

4. 安装制动鼓

（1）将制动鼓安装到车上。
（2）安装制动鼓固定螺栓，见图 4-3-24。
（3）选用棘轮扳手、接杆和 T30 套筒预紧固定螺栓；根据维修手册使用扭力扳手将制动鼓固定螺栓紧固至 7 N·m。
标准力矩：7 N·m。

图 4-3-24　安装制动鼓固定螺栓

1. 鼓式制动器分类

鼓式车轮制动器多为内张双蹄式。按张开装置的形式，鼓式制动器可分为轮缸式制动器和凸轮式制动器。轮缸式制动器按制动时两制动蹄对制动鼓的径向作用力之间关系又可分为简单非平衡式、平衡式和自增力式制动器。

2. 平衡式制动器分类

平衡式制动器分为单向助势和双向助势两种。单向助势平衡式制动器的结构特点是两个制动蹄各用一个单活塞的轮缸，且两套制动蹄、制动轮缸、偏心支承销和调整凸轮等在制动底板上的布置是中心对称的。双向助势平衡式制动器的轮缸为双活塞，两制动蹄的两端既是支承点，又是张开力的作用点。平衡式制动器的制动效能、制动稳定性及平顺性都介于简单非平衡式及自增力式之间，其特有优点是具有两个对称的轮缸，最宜布置双回路制动系统。

3. 凸轮式制动器

凸轮式制动器多用于气压传动的制动系统，除了张开装置用凸轮外，其余部分结构与液压传动的简单非平衡式制动器大致相同。两蹄作用于制动鼓的法向等效合力虽然大小近似相等，但其作用线不在一条直线上，不可能相互平衡。故这种制动器仍是非平衡式的。

4. 制动器间隙调整

制动器制动蹄与制动鼓之间必须有合适的间隙（制动间隙），以确保制动器正常工作。制动间隙的调整部位一般在制动蹄的支承点及张开端，车辆行驶一定里程后应进行调整。简单非平衡式、平衡式制动器制动间隙的调整部位一为张开端的调整凸轮，二为制动蹄支承销。自增力式制动器制动间隙的调整通过改变两制动蹄下端的浮动推杆长度进行。

(一) 课堂练习

1. 判断题

(1) 一些简单非平衡式车轮制动器的前制动蹄摩擦片比后制动蹄摩擦片长，是为了增大前蹄片与制动鼓的摩擦力矩。（　　）

(2) 简单非平衡式车轮制动器在汽车前进或后退时，制动力几乎相等。（　　）

(3) 单向双缸平衡式车轮制动器在汽车前进和后退时，制动力大小相等。（　　）

(4) 双向双缸平衡式车轮制动器在汽车前进和后退时，制动力大小相等。（　　）

(5) 自动增力式车轮制动器在汽车前进和后退时，制动力大小相等。（　　）

2. 单选题

(1) 北京 BJ2023 型汽车的前轮制动器是采用(　　)。
  A. 简单非平衡式   B. 单向平衡式
  C. 双向平衡式   D. 自动增力式

(2) 液力张开的简单非平衡式车轮制动器,在轮缸内两活塞大小相等的情况下,其制动蹄摩擦片的长度是(　　)。
  A. 前长后短   B. 前后等长
  C. 前短后长   D. 长度无关

(3) 自动增力式车轮制动器的两制动蹄摩擦片的长度是(　　)。
  A. 前长后短   B. 前后等长
  C. 前短后长   D. 长度无关

(4) 液压制动系统中,一旦制动系统内有(　　),必须立即排除。
  A. 液体   B. 杂质
  C. 水分   D. 空气

(二) 技能评价

表 4-3-1 技能评价表

序号	内　　容	分值	得分
1	正确使用举升机	10	
2	车轮总成的拆卸	5	
3	鼓式制动器的拆卸	10	
4	制动蹄的更换	10	
5	鼓式制动器的安装	10	
6	驻车制动拉索与驻车制动杆的安装	10	
7	鼓式制动器的调节	15	
8	连续踩踏制动踏板多次,施放空气	10	
9	按照规范流程进行拆装作业	10	
10	完成"6S"作业	10	
	总分	100	

(注:操作正确即得分,操作错误或未进行操作即 0 分)

学习任务 4 制动主缸和助力器拆装

任务目标

任务目标
◎ 说出液压制动系统的分类及各类的结构组成。
◎ 简要概括液压制动主缸的结构和工作原理。
◎ 简要概括液压制动轮缸的结构和工作原理。
◎ 在 30 分钟内顺利完成对制动主缸和助力器的拆装。

学习重点
◎ 制动主缸和助力器拆装的内容及方法。

知识准备

液压制动系统的传力介质是制动液。

（1）按增压力源不同，液压制动系统可分为真空增压制动系统、液压制动真空加力器和压缩空气增压制动系统。

（2）按制动管路的布置，液压制动系统可分为单口路制动系统（图 4-4-1）和双口路制

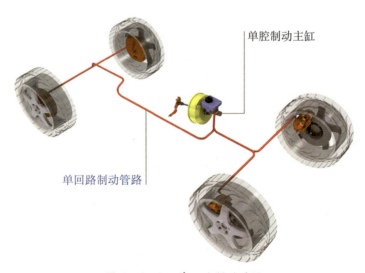

图 4-4-1 单口路制动系统

动系统。其中双口路制动系统中管路布置形式有前后布置(图4-4-2)和对角线布置(图4-4-3)两种。

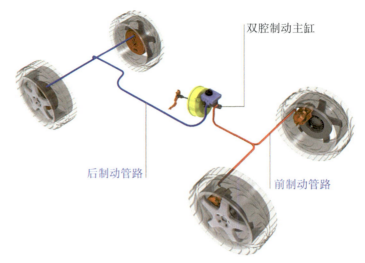

图4-4-2 前后布置双口路制动系统

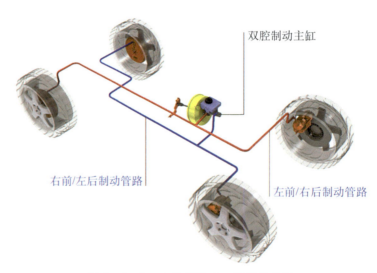

图4-4-3 对角布置双口路制动系统

双口路制动系统,当其中部分车轮失去制动时,仍有另一半车轮能维持制动,虽然制动效能会有所下降,但汽车不会完全失去制动能力。

1. 液压制动主缸

制动主缸的作用是将驾驶人踩制动踏板的机械力转变成液压力,并将具有一定压力的制动液经管路送到各车轮的制动轮缸。

汽车液压制动主缸有单腔式和双腔式。现代轿车上广泛采用双腔串联推杆联动式,如图4-4-4所示。

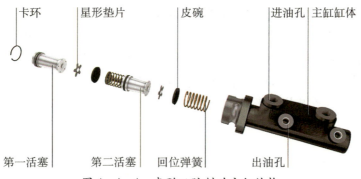

图 4-4-4 串联双腔制动主缸结构

双腔串联推杆联动式主缸由储液缸和工作缸组成。储液缸用隔板分为前、后两腔,顶部有带通气孔的盖子。工作缸分为前腔和后腔。工作缸内有前活塞和后活塞,前、后活塞之前有联动推杆,活塞上装有密封圈和回位弹簧。缸体上有与前、后轮缸连通的出油孔和两套与储液缸相通的回油孔和补偿孔。后腔活塞所占容积大于前腔活塞所占容积,会造成后桥制动力不足,为补偿后腔活塞多占的容积,一般将缸筒制成后大前小的阶梯形。

制动时,通过活塞推杆推动后活塞,再经推杆带动前活塞,压缩回位弹簧使前、后活塞一起前移,使前、后腔容积缩小,在活塞封闭回油孔后,油压升高,制动液在主缸与轮缸之间压力差作用下,从前、后腔的出油孔流向前、后桥轮缸实现制动。

放松制动时,活塞推杆后退,活塞在回位弹簧作用下后退,前、后腔容积增大,轮缸制动液压力高于主缸制动液压力,部分制动液分别流回主缸前、后腔,制动器的制动作用被解除。

在完全放松制动踏板后,回油孔打开,多余的部分制动液可从回油孔流回储液缸,以避免制动拖滞的产生。

2. 液压制动轮缸

液压制动轮缸有双活塞式和单活塞式。其作用是将主缸提供的液压力转变为使制动蹄张开的机械推力。

液压制动轮缸的结构如图 4-4-5 所示。

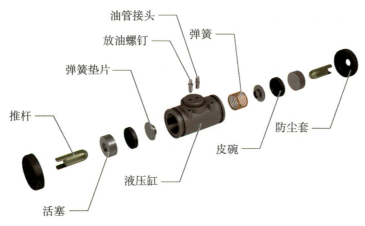

图 4-4-5 液压制动轮缸结构

双活塞式轮缸由缸体、两只活塞、皮碗、弹簧、放气阀及放气螺钉和防护罩等组成。活塞内腔有顶块,与制动蹄的端部相嵌合。皮碗用作防止漏油。弹簧的作用是使皮碗与活塞贴紧。放气螺钉用于排放制动系统内的空气。一旦制动系统内有空气,必须立即排除。

单活塞式轮缸(图4-4-6)与双活塞式轮缸(图4-4-7)比较,少了一只活塞和压紧弹簧,密封皮圈的结构与安装位置不同,其余结构相似。

图 4-4-6 单活塞式轮缸

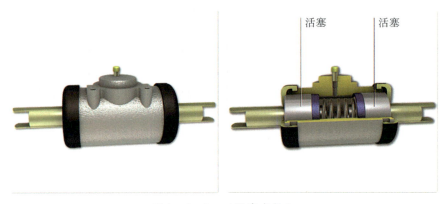

图 4-4-7 双活塞式轮缸

制动时,主缸输出的压力制动液进入轮缸后,对活塞作用一个推力,使活塞向外移动,将制动蹄推压在制动鼓上,从而产生制动作用。放松制动后,轮缸中制动液倒流回主缸,轮缸油压下降,制动蹄拉簧克服轮缸内油压,将蹄片拉离制动鼓,使制动解除。

3. 液压制动真空加力器

真空加力器又叫助力器,它是利用真空加力气室产生的力源,协助踏板力共同推动主缸活塞,减轻驾驶人踩踏板用力的装置,其结构如图4-4-8所示。这种装置与主缸安装在一起,使制动系统结构较简单、紧凑,广泛用于小型汽车上。

真空加力器与制动主缸相连,控制阀推杆右端与制动踏板连接。工作室由前、后壳体组成,中间夹装有膜片和膜片座。它的前室与带单向阀的真空管和进气管相连,后室的膜片座内有连通气室前室和控制阀腔的通道和连通气室后室和控制阀腔的通道。橡胶阀与膜片座

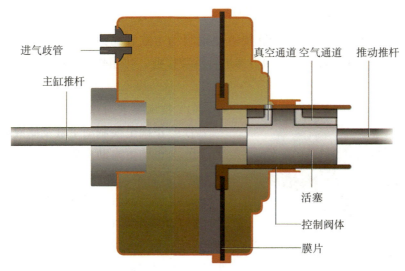

图 4-4-8 真空加力器

上特制的阀座组成真空阀,又与控制阀活塞和大气阀座组成大气阀。控制阀活塞与推杆球头铰接。

不制动时,弹簧将推杆连同活塞向后推到极限位置,阀门被弹簧压在大气阀座上,即大气阀关闭。气室的前、后室经通道、控制阀通道相互连通,并与空气隔绝。

制动时,踩下制动踏板,膜片座固定不动,来自踏板的力推动推杆和活塞相对于膜片座前移,当活塞与反作用盘之间的间隙消除后,踏板力便经反作用盘传给制动主缸推杆。主缸的制动液以流入轮缸;同时,阀门在弹簧作用下,随同控制阀柱塞前移,直到与膜片座上的真空阀座接触,使前、后气室隔绝。推杆推动活塞前移到后端通大气。前、后气室压力差作用下,加力气室膜片和膜片座前移,主缸推杆进一步推动活塞将制动液送入轮缸。较小的踏板力,可获得较大的制动力。

制动踏板停在某一位置,控制阀柱塞和推杆停在某个位置上;橡胶阀门随膜片座前移,落到控制阀活塞端面上,与大气阀座贴接,真空阀和空气阀同时关闭,处于平衡状态,此时轮缸中压力保持不变。

松开踏板,在弹簧作用下,控制阀活塞和推杆、橡胶阀门一起后移到右边极限位置。在回位中,大气阀门关闭,真空阀开启,使气室左、右压力相等。加力气室膜片及座和制动主缸也回复到原来位置。

(一)实施方案

1. 质量要求

参照 2013 款 1.6 L 自动挡科鲁兹轿车厂家的质量标准要求。

2. 组织方式

每四位同学一组,能够规范使用制动主缸和助力器拆装工具,按照企业岗位操作规范对制动主缸和助力器进行拆装作业。每组作业时间为 30 min。

3. 作业准备

图 4-4-9　常用工具(一套)

(1)技术要求与标准:
① 会正确更换制动主缸及储液罐。
② 会正确更换助力器
(2)设备器材如图 4-4-9 所示。
(3)场地设施:有消防设施的场地。
(4)设备设施:2013 款 1.6 L 自动挡科鲁兹轿车一辆、科鲁兹车型底盘相关专用工具、工具车、零件车、标保工具车、垃圾桶等。
(5)耗材:干净抹布、清洁剂等。

(二)操作步骤

1. 主缸储液罐的加注

(1)通过制动主缸储液罐目视检查制动液位,见图 4-4-10。

检查与更换制动液

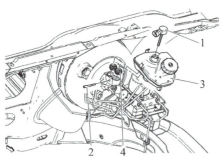

图 4-4-10　主缸储存位置及固定螺栓

(2)如果在常规油液检查时发现制动液液位处于或低于半满位置,则应检查制动系统有无磨损和可能的制动液泄漏。

(3)如果在常规油液检查时发现制动液液位处于或低于半满位置,且制动系统检查未发现磨损或制动液泄漏,则可以将制动液加注至最满标记。

(4)如果刚完成制动系统维修,则可将制动液加注至最满标记。

(5)如果制动液液位高于半满位置,则在正常状况下不建议添加制动液。

(6)如果要向主缸储液罐中添加制动液,则应在拆下储液罐盖和膜片前,清洁储液罐上及盖周围的外侧表面。

2. 主缸储液罐的更换

将制动液从主缸储液罐中排除并报废。
(1)拆下制动液液位指示灯开关。
① 断开电气连接器。

② 顺时针转动液位指示灯且向上将其拆下。

(2) 主缸储液罐螺栓拧紧力矩为 2.5 N·m。

(3) 主缸储液罐更换程序。

① 检查主缸是否损坏，必要时进行更换。

② 用工业酒精清洁储液罐。

③ 用经过过滤的、不含润滑脂的压缩空气干燥储液罐。

④ 主缸储液罐密封件（数量：2）。

> **注意事项**
>
> ◇ 向制动液储液罐或离合器储液罐中添加制动液时，仅使用清洁的 DOT-4+ 制动液。这种聚乙二醇制动液吸湿且吸潮。请勿使用开口容器中可能受水污染的制动液。不正确或受污染的油液可能会导致系统部件的损坏。

3. 总泵的更换

3.1 拆卸程序

(1) 拆下膨胀水箱夹子 2。

(2) 拆下膨胀水箱 1 并放置在一边不排水，见图 4-4-11。

(3) 断开制动液液位指示灯开关电气连接器且勿断开发动机冷却液软管。将其与制动液储液罐分离。

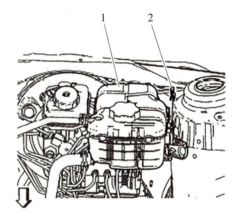

图 4-4-11 拆卸膨胀水箱及夹子

(4) 断开主缸副制动管接头 1，见图 4-4-12。盖上制动管接头并堵住主缸出口以防止制动液流失和污染。

图 4-4-12 断开主缸副制动管接头

图 4-4-13　主缸副制动管接头位置

(5) 断开主缸主制动管接头 1，见图 4-4-13。盖上制动管接头并堵住主缸出口以防止制动液流失和污染。

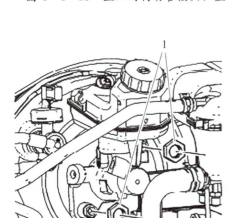

图 4-4-14　拆卸主缸螺母

(6) 拆下并报废主缸螺母 1，见图 4-4-14。
(7) 拆下带制动液储液罐的主缸。
(8) 检查主缸至真空制动助力器的密封件是否损坏，必要时进行更换。
(9) 必要时拆下主缸储液罐。

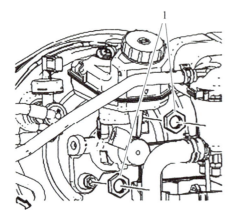

图 4-4-15　安装主缸螺母

3.2　安装程序

(1) 将制动液储液罐安装到主缸上。
(2) 确保主缸至真空制动助力器密封件正确安装在主缸上。
(3) 执行主缸台钳排气。
(4) 安装主缸。
(5) 安装新的主缸螺母 1，见图 4-4-15，并紧固至 50 N·m。
(6) 将制动液液面指示开关线束安装至制动液储液罐并连接电气连接器。
(7) 连接主缸主制动管接头 1，并紧固至 18 N·m。

(8) 连接主缸副制动管接头1,见图4-4-16,并紧固至18 N·m。

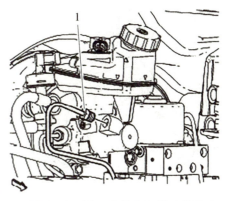

图4-4-16 连接主缸制动管接头

(9) 重新定位并安装膨胀水箱1。
(10) 安装膨胀水箱夹子2,见图4-4-17。
(11) 对液压制动系统排气。

4. 电动制动助力器的更换

4.1 拆卸程序

(1) 将点火开关置于OFF(关闭)位置。

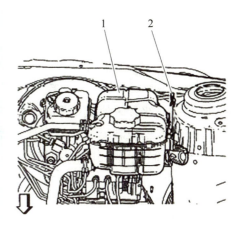

图4-4-17 安装膨胀水箱及夹子

◇ 切勿断开发动机冷却液软管。

(2) 拆下膨胀水箱夹子2。
(3) 拆下膨胀水箱,见图4-4-18。将膨胀水箱1放置在一边。

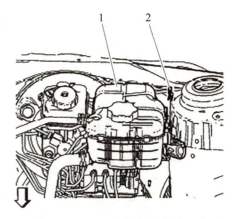

图4-4-18 拆卸膨胀水箱及夹子

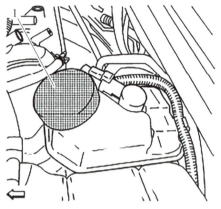

（4）拆下制动液储液罐盖并用 CH-558-10 安装盖 1，以防止制动液流失和污染，见图 4-4-19。

图 4-4-19　拆卸制动液储液罐盖

 注意事项

◇ 务必在点火开关处于 OFF（关闭）位置的情况下连接或断开电子制动控制模块/电子制动与牵引控制模块的线束连接器。未能遵循此说明可能会导致电子制动控制模块/电子制动与牵引控制模块损坏。

（5）将电气连接器从电子制动控制模块/电子制动与牵引控制模块上断开。

注意事项

◇ 盖上制动管接头，以防止制动液流失和污染。

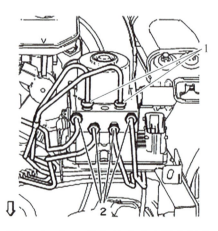

（6）将 6 根制动管（1，2）从制动压力调节阀上拆下，见图 4-4-20。

图 4-4-20　拆卸制动压力调节阀上的制动管

(7) 断开主缸副制动管接头1,见图4-4-21。

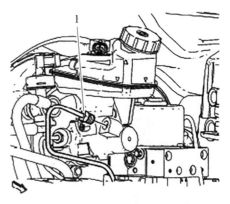

图4-4-21 断开主缸副制动管接头

(8) 断开主缸主制动管接头1,见图4-4-22。

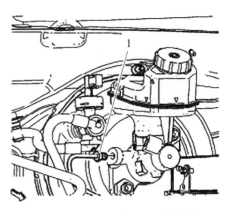

图4-4-22 断开主缸主制动管接头

(9) 拆下制动压力调节阀托架螺栓2。
(10) 拆下制动压力调节阀托架总成1,见图4-4-23。

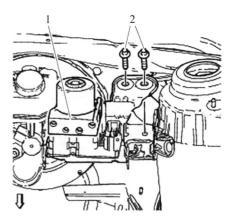

图4-4-23 拆卸制动压力调节阀托架螺柱和总成

(11) 将制动主缸总成从助力器上拆下。

(12) 将助力器真空管 1 从助力器上拆下,见图 4-4-24。

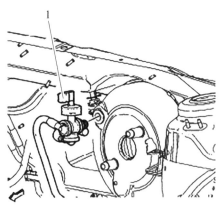

图 4-4-24 拆卸助力器真空管

(13) 将制动踏板推杆 1 从制动踏板上断开,见图 4-4-25。

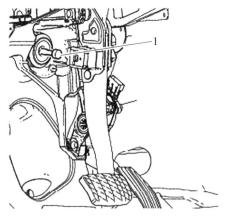

图 4-4-25 断开制动踏板推杆

(14) 拆下制动助力器螺栓 1,见图 4-4-26。

(15) 将助力器从车辆上拆下。

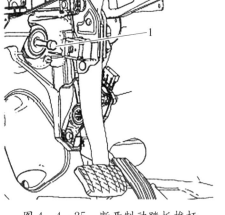

图 4-4-26 拆卸制动助力器螺栓

4.2 安装程序

（1）将助力器安装至车辆。

（2）安装制动助力器螺栓1,见图4-4-27,并紧固至19 N·m(15 lbf·in)。

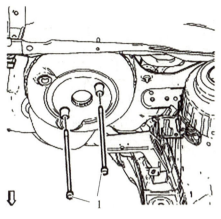

图4-4-27 安装制动助力器螺栓

（3）将制动踏板推杆1连接至制动踏板,见图4-4-28。

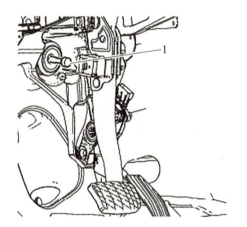

图4-4-28 连接制动踏板推杆至制动踏板

（4）将助力器真空管1安装至助力器,见图4-4-29。

（5）将主缸总成安装至助力器。

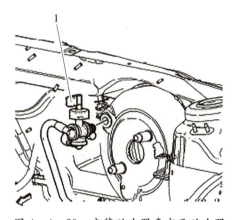

图4-4-29 安装助力器真空至助力器

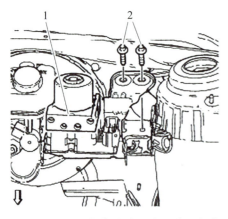

图 4-4-30　安装制动压力调节阀托架
　　　　　总成和螺栓

（6）安装制动压力调节阀托架总成 1。

（7）安装制动压力调节阀托架螺栓 2，并紧固至 20 N·m，见图 4-4-30。

图 4-4-31　连接主缸制动管接头

（8）连接主缸主制动管接头 1，见图 4-4-31，并紧固至 18 N·m。

注意事项

◇ 盖上制动管接头，以防止制动液流失和污染。

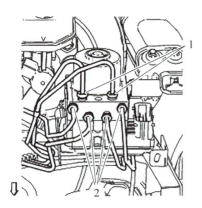

图 4-4-32　安装制动压力调节阀
　　　　　的制动管

（9）将 6 根制动管（1，2）安装至制动压力调节阀，并紧固至 18 N·m，见图 4-4-32。

（10）将电气连接器连接至电子制动控制模块/电子制动与牵引控制模块。

(11) 拆下 CH-558-10 盖 1,并安装制动液储液罐盖,见图 4-4-33。

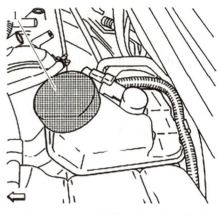

图 4-4-33 安装制动液储液罐盖

(12) 安装膨胀水箱 1。
(13) 安装膨胀水箱夹子 2,见图 4-4-34。
(14) 对液压制动系统排气。

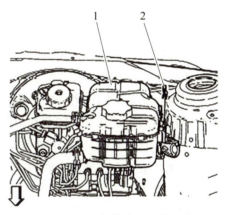

图 4-4-34 安装膨胀水箱及夹子

任务小结

1. 制动传动装置分类
制动传动装置主要有机械式、液压式、真空液压式、空气液压式、气压式等。机械式多用于驻车制动器。

2. 液压式制动传动装置
液压式制动传动装置利用制动液作为传力介质,制动器产生的制动力矩正比于驾驶人施于踏板上的力,驾驶人制动操纵劳动强度大。目前汽车双管路液压制动系统布置形式中应用最多的是一轴对一轴型(Ⅱ型)和交叉型(X 型)。

3. 双口路液压制动传动装置
双口路液压制动传动装置基本组成包括串联活塞式双腔制动主缸、制动轮缸及管路。轮缸有单活塞式和双活塞式两种。主缸、轮缸活塞与缸壁间的密封通过皮碗实现。

4. 真空液压制动传动装置

制动时,为了消除推杆球头与制动主缸活塞之间的间隙所需的踏板行程,称为液压制动踏板自由行程,可通过改变推杆的长度进行调整。真空液压制动传动装置是利用发动机工作时在进气管中形成的真空度(或利用真空泵)为动力源,它可分为增压式和助力式。增压式是通过增压器将制动主缸的液压进一步增大,增压器装在主缸之后。助力式是通过助力器来帮助制动踏板对制动主缸产生推力,助力器装在制动踏板与主缸之间。

5. 检修要点

制动主缸、轮缸检修时应重点检查活塞、皮碗、缸壁及复位弹簧的技术状况,保持各孔道的畅通。

任务评价

(一) 课堂练习

1. 判断题

(1) 双腔串联推杆联动式主缸由储液缸和工作缸组成。( )

(2) 液压制动系统的传力介质是制动液。( )

(3) 液压制动轮缸有双活塞式和单活塞式。( )

(4) 双口路制动系统,当其中部分车轮失去制动时,另一半车轮能维持制动。( )

(5) 现代轿车上广泛采用双腔串联推杆联动式。( )

2. 单选题

(1) 液压制动系统双管路布置形式有前、后桥( );前、后桥( )。

    A. 分置式、交叉式   B. 交叉式、龙门式

    C. 龙门式、剪刀式   D. 剪刀式、交叉式

(2) 真空加力器(又叫助力器)是利用真空加力气室产生的力源,协助踏板力共同推动( ),减轻驾驶人踩踏板的用力的装置。

    A. 主缸活塞   B. 轮缸活塞   C. 气缸活塞   D. 皮碗活塞

(3) 液压制动主缸在不制动时,其出油阀和回油阀的开闭情况是( )。

    A. 出油阀和回油阀均开启

    B. 出油阀关闭而回油阀开启

    C. 出油阀开启而回油阀关闭

    D. 双阀均关

(4) 在不制动时,液力制动系统中制动主缸与制动轮缸的油压是( )。

    A. 主缸高于轮缸   B. 主缸与轮缸相等

    C. 轮缸高于主缸   D. 主缸和轮缸是零

（5）在解除制动时，液压制动主缸的出油阀和回油阀的开闭情况是（　　）。

  A. 先关出油阀再开回油阀

  B. 先开回油阀再关出油阀

  C. 两阀都打开

  D. 两阀都关闭

（二）技能评价

表4-4-1　技能评价表

序号	内　　容	分值	得分
1	检查制动主缸储液罐内制动液	10	
2	拆卸制动主缸储液罐并用工业酒精清洁	5	
3	拆下膨胀水箱，断开制动液液位指示开关连接器	5	
4	断开主、副制动管接头，并做防漏措施	10	
5	拆卸制动主缸	10	
6	拆下真空助力器	10	
7	安装真空助力器	10	
8	安装制动主缸	10	
9	安装主、副制动管接头，并做防漏措施	10	
10	按照规范流程进行拆装作业	10	
11	完成"6S"作业	10	
总分		100	

（注：操作正确即得分，操作错误或未进行操作即0分）

学习拓展

防抱死制动系统全称是 Anti-lock Brake System，即 ABS，可安装在任何带液压制动的汽车上。

汽车防抱死制动系统的目的，就是要达到自动调节制动器制动力，使车轮滑移率保持在 20% 左右的最佳的状况，充分利用峰值附着系数，提高汽车的制动效能，并使汽车具有很好的转向和抵抗侧向力的作用，从而提高汽车制动时的方向稳定性。

1. ABS 的基本组成

无论是气压制动系统还是液压制动系统，电子控制防抱死制动系统(ABS)均由轮速传感器、制动压力调节器和电子控制器三大部分组成，如图 4-5-1 所示。

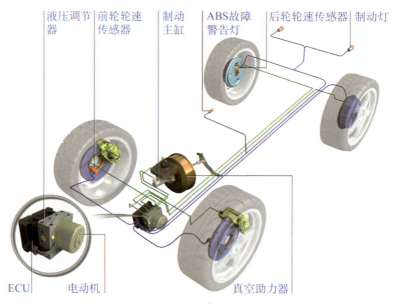

图 4-5-1　ABS 基本组成示意图

轮速传感器用来测定车轮的转速，产生与车轮转速成正比的交流电压信号，并送入电子控制器。

制动压力调节器是 ABS 的执行机构。它在制动主缸与轮缸之间，接受电子控制器的指令，调节车轮的制动压力。

电子控制器(又称电控单元)是一种电子计算机。它接收并分析由传感器传来的信号，对制动压力调节器等执行机构发出控制指令。

汽车在制动过程中，轮速传感器将车轮速度变化的信号输入电子控制器，电控单元计算出车轮加速度变化及滑移率，然后根据单参数加速度变化或者加速度及滑移率双参数控制方式，给制动压力调节器发出指令，改变车轮上的制动力。因此，车轮不会抱死而又能逐步迅速减速,直至停车。

2. ABS 的工作原理

采用循环式制动压力调节器的 ABS。制动压力调节器主要由 4 个三位三通电磁阀(3/3 电磁阀)、1 个电动双联柱塞液压泵和 2 个低压储能器等组成,其基本结构和工作原理如下所述。

(1) 制动压力建立阶段。在开始制动时,电磁线圈中无电流通过,电磁阀中的电磁柱塞被弹簧压至最低位置,如图 4-5-2 所示。此时制动主缸与轮缸直通,制动液从制动主缸流经电磁阀中的通道,流向制动轮缸,使制动压力很快建立起来,轮缸制动压力随制动主缸压力的变化而变化,车速很快下降,此时 ABS 不工作。

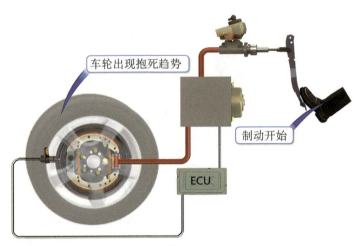

图 4-5-2 制动压力建立阶段

(2) 制动压力保持阶段。随着制动力增加,当某车轮滑动率接近 35% 时,ABS 控制单元发出"保持压力"的指令,使该车轮对应的电磁阀通电(约为最大电流的 1/2),电磁柱塞被提起,如图 4-5-3 所示,通往制动轮缸的液压通道被切断,轮缸中的制动压力不再增加。

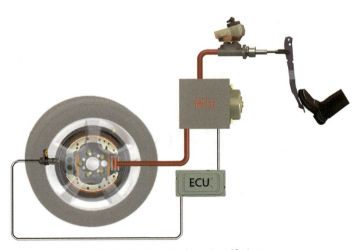

图 4-5-3 制动压力保持阶段

（3）制动压力下降阶段。在"保压"指令发出后，若仍从轮速传感器传来某轮要抱死的信号。说明这时制动力偏高，需要适当降低制动力。这时 ABS 控制单元发出"降低压力"的指令，提供一个比"保压"指令更大的电流，使电磁柱塞进一步提起，如图 4-5-4 所示。通往回流泵的通路被打开，一部分制动液进入储能器，另一部分进入回流泵。由于 ABS 控制单元同时给液压泵供电，使液压泵工作，迫使制动液进入制动主缸，制动力下降。

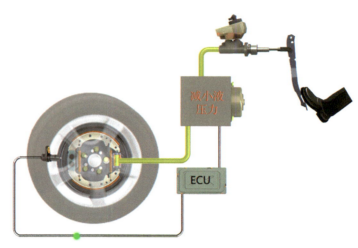

图 4-5-4 制动压力下降阶段

（4）制动压力上升阶段。当制动力下降到使滑移率达到下限 8% 时，ABS 控制单元发出"提高压力"指令，切断通往电磁阀和液压泵继电器的电流，电磁柱塞在弹簧力的作用下回到最低位置，如图 4-5-5 所示，使制动主缸又与制动轮缸液压通道相通，制动轮缸内制动压力增加，提高了制动力，使汽车车速再次降低。

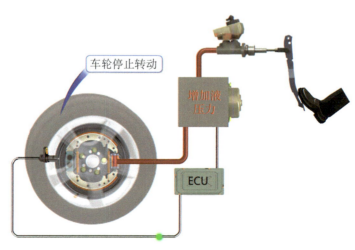

图 4-5-5 制动压力上升阶段